은둔형 외톨이의 방구석 표류일기

-은둔형 외톨이를 위한 가이드북

은둔형 외톨이의 방구석 표류일기

–은둔형 외톨이를 위한 가이드북

초판 1쇄 펴낸 날 / 2021년 10월 4일

지은이 • 은둔형 외톨이 가족모임 | 펴낸이 • 임형욱 | 디자인 • 예민
펴낸곳 • 행복한책읽기 | 주소 • 서울시 종로구 창신11길 4, 1층 3호
전화 • 02-2277-9217 | 팩스 • 02-2277-8283 | E-mail • happysf@naver.com
인쇄 제본 • 동양인쇄주식회사 | 배본처 • 뱅크북(031-977-5953)
등록 • 2001년 2월 5일 제2014-000027호
ISBN 979-11-88502-22-6 03180   값 • 15,000원

※ 이 도서는 한국출판문화산업진흥원의
'2021년 출판콘텐츠 창작지원사업'의 일환으로
국민체육진흥기금을 지원받아 제작되었습니다.

은둔형 외톨이의 방구석 표류일기

-은둔형 외톨이를 위한 가이드북

은둔형 외톨이 가족모임 지음

행복한책읽기

고립청년들이 우리에게 속삭이는
소리들을 들어봐 주십시오

정범구(청년재단 이사장)

읽는 내내 참으로 마음이 아프고 힘들었습니다.

일곱 분 은톨이 경험자, 한 분의 전문가, 그리고 가족모임 대표 한 분의 글을 읽으면서 이들이 겪었을 고통과 어려움이 고스란히 전해져 왔습니다. 아마도, 행간에 숨겨진, 이 책에도 미처 다 고백하지 못 했던 이야기들은 또 얼마나 많았을까요?

사회가 만들어낸 무한경쟁과 강자독식의 구조 안에서 우리는 청년늘의 고통을 모른 척하고 지내왔습니다. 오히려 강요하고 따라오지 못 하면 '낙오자'라는 낙인을 찍었습니다. 그러나 지금 세상은 전문가 박대령 선생이 이 책에서 지적하고 있는 것처럼, 과거의 "하면 된다"가 통하는 세상이 아니라, "해도 안 된다"가 현실인 세상이 되었습니다. 그래서 청년들은 '이생망'을 입에 달고 사는지도 모릅니다.

우리 사회의 과도한 경쟁이 청년들을 '방 속으로' 몰아넣고 있습니다. 부모모임 대표(리버티님)의 말씀대로 입학도 경쟁, 취업도 경쟁, 승진도 경쟁, 내집 마련도 경쟁인 사회에서 이미 경쟁이 내면화되었고, 자신의 정체성을 온통 성적과 남들의 평가에 의존하면서 청년들이 한순간에 무너지는 경우가 많다는 것입니다.

그런가 하면 '은톨이' 경험자 일곱 분으로부터는 희망의 끈을 봅니다. 자기중심으로 세상을 보는 '근력'이 생기기 시작했기 때문입니다.

"여태까지 내 마음속 시계바늘은 남의 기준으로 움직였다. 그래서 불행했다."(조제님)

"긍정적으로 나를 바라보고 나를 사랑하자. 나는 예쁘다."(자스민님)

"예전보다 더 단단해진 건 비로소 운전석에 앉아 스스로를 운전하며 인생을 살기 시작했기 때문이다. 이십대 때 저는 남의 차에 탄 사람, 그것도 조수석에 앉아서 멍하니 지나가는 풍경 보듯 하던 사람이었다."(돌솥비빔밥님)

"우리는 무엇이 그렇게 우리를 완벽하게 하지 못 하면 안 되는 것처럼, 도태되고 큰일나는 것처럼 만들었는지 통찰해 볼 필요가 있다."(유승규님)

은둔과 고립을 고집하는 자녀를 둔 부모님들의 고통도 간과해서는 안 됩니다. 그러나 가족들은 또한 고립청년들을 세상 밖으로 이끌어 줄 가장 든든한 지원군입니다. 그래서 자녀의 이런 소리에 더욱 귀를 기울이셔야 할지도 모릅니다.

"부모님들은 마음이 아프고 조급할 것이다. … 포기하고 싶을지도 모른다. … 그래도 조금만 더 노력해 주시길 바란다. 자녀들은 너무 아프다. 남들이 쉽게 하는 그것들이 너무나 어렵다. … 아이의 마음속 깊은 곳에 어머님, 아버님의 따뜻함이 닿을 때까지 조금만 더 힘들어 주시길 바란다."(서자님)

우리 사회에서는 그 사이 청년기본법도 제정되고, 각 지방자치단체 대부분이 청년조례도 제정하고 있습니다만, 고립청년 문제처럼 정부 정책의 사각지대에 놓여 있는 청년문제들도 많이 있습니다.

청년재단은 그동안 당사자들의 문제로만 방치되어 왔던 고립청년 문제를 함께 해결하기 위해 청년 체인지업 프로젝트 사업을 세우고, 이를 통해 고립청년의 자립을 지원해 왔습니다.

지난 3년 간 80여 명의 고립청년을 발굴하여 개별상황에 따른 자립 프로그램 참여를 지원하였고, 사회적 인식 개선과 가족의 안정을 위하여 월간 정기 부모교류회를 진행했습니다.

도움이 필요한 많은 고립청년을 생각하면 아직 적은 수의 청년들만이 사업을 통한 도움을 받고 있지만, 정부 정책으로 수행하기 어려운 고립청년 문제 해소 사업을 진행하며 고립청년 실태조사 등을 통해 고립청년의 고통을 사회에 발신하는 역할도 담당했습니다.

청년들이 고립되지 않는 사회를 만들기 위해 앞으로도 청년재단은 청년 곁에서 함께 노력할 것입니다.

하지만 무엇보다 중요한 것은 고립청년 스스로 일어날 수 있는 사회를 만들어 나가는 것입니다. 이 책에서 확인할 수 있었던 것처럼 우리 청년들은 포기하지 않고 노력하고 있습니다.

이 책은 고립청년들이 스스로 사회에 내딛는 첫 걸음과도 같습니다. 그들이 처음으로 이 사회를 향하여 그들이 느끼는 아픔, 현실에 대해서 공개적으로 말을 걸고 있습니다. 그리고 그들이 느끼는 아픔은 사실 우리 대부분이 느끼는 아픔일 수도 있습니다.

그들이 우리에게 속삭이는 소리들을 들어봐 주십시오.

많은 분들이 이 책을 읽고 우리가 서 있는 자리를 다시 돌아보는 계기가 될 수 있다면 참 좋겠습니다.

정범구
청년재단 이사장, 전 국회의원, 전 주 독일대사

이 책이 폭풍 속에서 표류하고 있는 이들에게
혼자가 아니라는 희망의 등대가 되기를…

오오쿠사 미노루(K2인터내셔널코리아 슈퍼바이저)

저희 K2인터내셔널코리아가 한국에서 '은둔형 외톨이'의 자립을 돕는 일을 시작한 지 어느덧 9년이 다 되었습니다. 일본에서는 20년의 경험과 노하우가 있었지만, 그것이 한국에서 잘 적용될지, 어떻게 만나야 할지 전혀 모르는 채 이 일을 시작했습니다. 어쩌면 일본보다 더 어려운 환경에 놓여 있는 것으로 보이기도 하는 한국의 청소년·청년들과 직접 만나 함께 살고, 함께 일하며, 웃고, 울고, 부딪치고, 화해하고, 밤새 얘기 나누고… 그렇게 수많은 우여곡절을 반복하며 지내왔습니다.

그 여정을 함께 걸어온 은둔형 외톨이 가족모임 대표 리버티님을 중심으로, 은둔 생활을 경험한 청년들과 그들을 응원하는 사람들의 경험담을 모아 책을 출간하게 되었습니다. 참으로 기쁘고, 앞으로 이 책을 읽고 용기를 얻게 될 독자 분들을 생각하면 설레는 마음입니다.

이 책에는 7명의 은둔 경험 당사자분들의 이야기와 박대령 상담사 선생님, 그리고 은둔형 외톨이 부모의 솔직하고 진정한 이야기가 담겨져 있습니다. 자신이 은둔하게 된 배경과 사연에 대해 당사자와 부모가 이렇게 적나라하고 자세하게 쓴 책은 한국에서는 거의 없었던 것이 아닐까 생각합니다.

어느 사연을 읽어 봐도, 주어진 환경에서 필사적으로 열심히 살아오신 분들의 그동안 차마 이야기하지 못 했던 진심어린 고백으로 가슴이 벅차고, 눈시울이 뜨거워집니다.

조제 선생님은 저희 부모교류회에서 한 번 강연해주신 분인데, "우리는 조제님이 더 중요해요"라는 말은 저희와 같은 '지원자'의 존재가 어때해야 하는지를 잘 알려주는 것 같습니다.

자스민님의 사연을 읽으면서, 처음에 그가 "죽고 싶다"며 울면서 상담 전화를 걸어와 길가에서 두 시간 넘게 통화를 했던 것이 뇌리를 스쳤습니다.

자스민님도, 도라님도, 유승규님도 저희의 소중한 동료가 되어 일을 했었습니다. 특히 유승규님은 지금 저희가 추진하는 '은둔고

수' 양성 프로젝트의 실력 있는 매니저로서, 미래의 은둔형 외톨이 지원사업을 끌어가는 존재가 되어 가고 있습니다.

ing님은 부모모임 카페에서 자신의 경험과 생각을 많이 올려주셔서 많은 부모님과 청년들에게 도움을 주셨고, 지금은 '은둔고수' 양성에도 참여하고 계십니다.

이렇게 이 책이 나오는 동안에도 또 수많은 드라마가 탄생하고 있습니다.

은둔하고 있을 때, 그 와중에 있는 그들은 자기가 아무것도 못할 것 같은 무력감, 아무도 내 편은 없고 세상에 내 자리는 없는 것만 같은 고독감에 시달리고 있습니다. 그들은 '아무 것도 안 하는 시간'을 '쉬는 시간'이 아니라, 죽을 만큼 괴로운 '감옥과 같은 시간'으로 날마다 보내고 있습니다. 그것을 사람들은 모르고, 선생님도 모르고, 부모조차 거의 모릅니다.

주변 사람들이 보면 그들은 '은둔'이라는 '문제'를 가지고 있는 것 같지만, 은둔하고 있는 것 자체가 문제인 것이 아니라, 다른 문제가 있기 때문에 은둔하는 것입니다. 그리고 그 문제가 해결되지 않으면 은둔에서 벗어나도 고통은 끝나지 않는 것임을, 어떤 경험들이 그들을 어쩔 수 없이 궁지로 몰게 했는지를, 그들은 이 책을 통해 아플 만큼 우리에게 알려주고 있습니다.

저희가 만난 대부분 청년들이 "나만 이러는 줄 알았다", "도움을 받을 수 있을 줄 몰랐다"고 합니다. 이 책이 지금도 방구석에서 폭풍과 해일 속 표류하고 있는 그들에게 '내가 혼자가 아니구나'라고 느끼게 해줄 수 있다면, 그것만으로도 큰 의미가 있다고 생각합니다.

저희는 어느 조직보다 당사자성이 강한 조직이지만, 그들을 돕는 일은 저희에게도 항상 좌절과의 싸움이었습니다. 경험도 자원도 인력도 한없이 부족하고, 저희가 할 수 있는 일은 아주 한정적이었습니다. 스스로의 역부족에 매일 고민에 빠졌습니다.

당사자인 청년이 안고 있는 문제를 저희가 직접 해결해 줄 수는 없고, 그렇게 해서도 안 됩니다. 충분한 소통을 하는 것 자체도 역시 쉽지는 않습니다. 저희가 할 수 있는 것은 우리의 소통과 존재의 가능성을 믿고, 그저 곁에만 있는 것, 함께 웃고 우는 것뿐이었습니다. 그리고 그들과 함께 작은 사회를 만드는 우리가 계속 바뀌어야 하고, 사회와 학교와 가정이 바뀌어야 함을 늘 통감하기 때문에, 사람들과 연대하고, 어디든 나가서 한 마디라도 더 말하고, 사회공감대를 만들려고 노력해 왔습니다. 문제는 항상, 그들에게 그들다운 삶을 주지 못 하는 사회 쪽에 있었으니까요.

그런 의미로, 우리의 간절한 호소가 담긴 이 책이 현대 한국 사회에 확실한 메시지를 던질 것으로 믿습니다.

그리고 이 책이 만난 독자분들에게 한 권의 벗이 되어 마음 한 구석을 밝혀주기를 진심으로 빌겠습니다.

오오쿠사 미노루
사회적 기업 'K2인터내셔널코리아' 슈퍼바이저

자신의 길을 끊임없이 찾고자 하는
청년들을 응원합니다

김옥란(리커버리센터 센터장)

이 책의 글 중에, '내일이 두렵지 않은 밤이 되길…'이라는 글귀
를 보면서 마음이 참 아픕니다.

오랫동안 세상 밖으로 나오지 못 한, 은둔했던 시간들은 스스로
의 삶을 구속했던 것이 아니라 세상이 이들을 구속한 것입니다.

은둔형 외톨이의 회복은 더 이상 개인의 문제가 아니라 사회적
문제로 접근하여 청년 회복에 관심을 가져야 할 때입니다.

세상 누군가의 따뜻한 마음으로 안전함이 전해지고, 누군가의
손으로 든든함을 느낄 수 있는 세상이면 좋겠습니다.

이 책에는 자신의 길을 끊임없이 찾고자 하는 청년들의 마음이 보입니다.

세상을 향해 자신의 이야기를 해준 이들의 한 걸음과 새로운 하루를 응원합니다.

김옥란
리커버리센터 센터장

차례

1부
나는 예전보다 나를 더 사랑하기로 했다
-은둔형 외톨이 당사자들의 목소리

2부
우리는 항상 너를 응원한단다
-은둔형 외톨이를 위한 가이드북

더이상 아무 것도 견딜 수 없게 느껴질 때
내 닳아버린 심장이 숨어 들어가
쉴 수 있는 안전지대가 필요하다.

그런 곳을 마음 속에 만들어야겠어.

1부
나는 예전보다 나를 더 사랑하기로 했다
-은둔형 외톨이 당사자들의 목소리

가슴 속 상처에 눈물이 모여 맑은 연못이 되고
그곳에서 연꽃이 필 날이 오겠죠.
더이상은 많이 아프지 않은 날이.

살아 있는 것만으로 귀엽다

-조제(『살아 있으니까 귀여워』 저자)

저는 아빠가 알콜중독자이고 그로 인해 부부싸움이 심한 가정에서 자랐습니다. 오빠는 어릴 때부터 저를 때리고 나쁜 짓을 하면서 학대했습니다. 가족들이 모두 저를 괴롭히고 무섭게 하니 저는 어릴 때부터 인간이 싫었고 책만이 유일한 도피처였습니다.

중고등학교 시절에도 친구를 사귀고 이야기를 하기보다는 책을 보는 것을 택해 친구가 없었습니다. 소풍을 가서도 혼자 밥을 먹고 대화를 할 사람이 없었지만 저는 사람이 제게 말을 거는 것 자체가 고통이었기에 아무렇지도 않았습니다.

지금 생각해 보면 '은따'였지만 저에겐 별로 중요하지 않은 일이었습니다.

나는 왜 은톨이가 되었나?

그렇게 사람들과 별다른 교류를 하지 않고 대학까지 나와 회사에 들어갔으니 문제가 생길 수밖에 없었습니다. 일을 하는 것은 그렇게 어렵지 않았지만 인간관계가 너무 어려웠습니다. 자기주장을 하거나 갈등을 해결하는 법을 알 수가 없었습니다. 학교를 다닐 때는 대하기 싫은 사람과는 관계를 끊으면 되었지만 회사에서는 그렇게 하기가 어려웠습니다. 저는 점점 스트레스가 쌓여서 마음에 병이 생기기 시작했습니다.

회사 생활을 하다가 견디기 어려워지면 그만두고 다른 회사에 들어가는 것을 반복하던 어느 날, 저는 아침에 출근해 컴퓨터를 켜면 갑자기 숨을 쉬기 어려워지는 증상에 시달리기 시작했습니다. 회사생활을 하는 것이 너무 힘들어서 생긴 신체화 현상이었던 것 같습니다. 그래도 참고 회사를 다니려고 하다가 저는 도저히 못 견디고 회사를 그만두고 말았습니다. 그 회사는 전부터 제가 들어가고 싶어하던, 이름 있는 회사였기에 저는 그런 자신이 너무 나약하고 무능하다고 느껴서 깊은 우울감과 무기력감 그리고 자책감에 빠져 버렸습니다.

아직도 그날의 기억이 생생합니다. 며칠이나 아무 것도 먹지 않고 누워서 천장을 바라보며 '나는 정말 무능한 쓰레기다. 이제 어떻게 살지?' 하면서 막막해 하던 때 말이죠. 그때 저는 세상 사람들에게 내 모습을 보는 게 부끄럽고 사람들이 무서워서 밖에 나가기가 겁나고 싫었습니다. 처음엔 그 증상이 너무 심해서 원룸의 문 손잡이조차도 만질 수가 없었습니다. 어쩐지 그 손잡이를 통해 무서운 것들이 묻어 들어올 것만 같았습니다.

그래도 계속 굶을 수는 없어서 건물 내에 있는 편의점에만 간신히 후다닥 다녀오곤 했습니다. 거기 있는 음식만을 조금씩 먹으면서 건물 밖에는 절대 나가지 않았습니다. 그렇게 계속 방 안에 혼자 있으면서 밤낮도 바뀐 채 인터넷을 보거나 책을 보거나 하면서 시간을 보냈습니다.

회사를 그만 둔 충격이 좀 가라앉은 후 처음에는 그래도 '오래 전부터의 소원이었던, 사람과 접촉하지 않고 지내는 걸 해볼 수 있겠다. 그러면 내 지치고 아픈 마음도 나아질 거야!'라는 희망이 있었습니다. 그런데 이상하게 그렇게 마음이 좀 편했던 건 얼마 안 되어 사라지고 점점 마음속이 이상해지기 시작했습니다.

뭐라고 표현하기 어려운 느낌이었습니다. 마음속에 검은색 강철 솜들이 점점 자라나 저를 혼란스럽게 만드는 듯했습니다. 환기를 잘 안 시켰기 때문에 방 안 공기는 언제나 텁텁했고 청소도 하지 않았기에 먼지도 많았습니다. 화장실 청소도 별로 하지 않아서 점점 오염되기 시작했습니다. 다행히 별로 음식을 먹지 않았고 음식물 쓰레기만은 벌레가 생길까 봐 두려워 변기에 조금씩 흘려보내서 벌레 문제는 생기지 않았습니다. 그렇지만 지금 생각해 보면 전반적으로 쓰레기와 먼지투성이인 방이었습니다.

그런 더러운 방에서 인터넷만 하다가 졸리면 잠들고 다시 일어나면 인터넷만 하면서 지냈습니다. 얼마나 시간이 흘러갔는지 스스로도 인식하지 못 할 정도였습니다. 가끔가다 인터넷을 하고 있으면 이유도 모르게 초초하고 불안해졌습니다. 아마도 '언제까지 이렇게 살아도 될까?' 하는 불안감이었던 것 같습니다. 또는 '언제까지 이렇게 살아야 하지?' 하는 절망감이었을 듯도 같습니다.

방 안에 도피해와 혼자 있는 게 안전하게 느껴지면서도 답답하고 무서웠던 것 같습니다. 하지만 그것을 어떻게 해결해야 할지 알 수가 없었습니다. 모든 게 혼란스럽고 두렵기만 했습니다.

나를 울린 말, "우리는 조제님이 더 중요해요"

그렇게 계속 이어지던 은둔형 외톨이 상태는 전혀 다른 계기로 깨어지게 되었습니다. 너무 오랫동안 혼자 방 안에서만 있었던 어느 날, 갑자기 제가 괴물로 변하는 환촉과 환시가 생긴 것입니다. 그건 너무 생생하게 현실로 느껴져 너무 무서운 것들이었습니다. 그런 느낌이 24시간 쉬지 않고 제게 나타나 저는 너무 무섭고 괴로워서 침대에서 떼굴떼굴 구르면서 비명을 지르곤 했습니다. 아무리 인터넷을 해봐도 그 끔찍한 느낌이 사라지지 않았습니다.

며칠을 그렇게 시달리던 전 진짜 무섭고 죽을 것 같아 인터넷을 검색해 어떤 상담센터에 가게 되었습니다. 왜 병원에 가지 않았는지 잘 모르겠지만 아마 정신과에 가본 적이 없어서 바로 가기엔 무서웠던 것 같습니다.

다행히 검색을 통해 찾아낸 상담센터는 꽤 실력이 좋은 곳이어서 저를 검사하더니 사람과 접촉하는 게 필요하다며 저를 그 센터에서 운영하던 집단상담 모임에 집어넣었습니다. 저는 왜 날 이런 모임을 하라고 하는지 이해하지 못 했지만 며칠간 이어진 집단상담의 경험은 제게 아주 놀라운 것이었습니다.

집단상담이라는 것은 상담사를 지도자로 해서 사람들끼리 밖에서는 말 못 하는 솔직한 말을 서로 주고받으면서 심리적 치료효과가 있길 기대하는 것이라고 할 수 있는데, 그때 제게는 사람과의 접촉 자체가 너무 희박했기에 효과가 있었습니다. 게다가 아무 말이나 해서 상처를 줄 수 있는 밖의 환경과 달리 이곳에서는 서로를 배려하기 때문에 안전하게 느껴졌습니다. 저의 환촉과 환시는 그 사람들 사이에 있으면서 놀랍게도 바로 사라졌습니다.

사람이 그때 나의 치료약이었던 것입니다.

사람들과 솔직하게 말을 해보지 못 했던 저는 그 집단에서 더듬더듬 내 마음을 말하기 시작했는데 그럴수록 사람들은 엄청 잘 들어주고 공감해 주고 지지해 주는 말을 해줬습니다. 그 경험은 마음속에 마치 링거 주사를 맞은 듯한 느낌을 주었습니다. 무섭고 불안하고 초초하고 우울하던 마음이 그 집단상담에만 갔다 오면 생기발랄하게 살아났습니다. 물론 그 효과가 계속 지속된 건 아니지만 하루 이틀 정도는 굉장히 살아 있는 느낌을 주었습니다.

센터에서의 집단상담이 끝나고 돈이 별로 없었던 저는 한 번에 8만 원이나 하는 상담을 지속할 수가 없어서 혹시 무료나 저렴하게 하는 심리상담이 없을까 계속 검색해 보았습니다. 다행히 북촌한옥마을쪽에 무료여성상담소가 있다는 정보를 알게 되어서 계속 망설이다가 상담소에 전화를 걸어보았습니다. 전화를 받은 분은 되게 상냥했고 개인상담은 지금 대기가 좀 있지만 격주 수요일 10시마다 같이 모여서 이야기하는 상담모임이 있으니 와보라는 말을 해주었습니다.

아침에 일어나는 게 너무 힘들어서 바로 찾아가지는 못 했지만 이대로 혼자 있으면 또 환촉과 환시가 시작될지 모른다는 공포심에 저는 그곳을 찾아가게 되었습니다.

상담소는 아담한 한옥이었고 제가 조금 늦게 가서 사람들은 이미 둥그렇게 모여앉아 이야기를 나누고 있는 중이었습니다.

저는 낯선 환경이라 또 바로 이야기를 하지는 못 하고 가만히 앉아 있기만 했습니다. 그런 저에게 사람들은 점심시간에 같이 밥을 먹자고 권해 주고 힘들면 가만히 있어도 된다고 했습니다. 오랜만에 여러 사람들과 함께 밥을 먹으니 밥도 너무 맛있고 기분이 좋았습니다. 기운이 없어 밥을 먹고 졸고 있는 저에게 그분들은 여기서 자도 되니 마음 편히 있으라고 했습니다.

그렇게 무료여성상담소에서 저는 밥도 먹고 잠도 자고 가만히 앉아 있기만 하면서 조금씩 힘을 얻기 시작했습니다. 상담소에서는 심리상담 계간지도 냈는데 제가 출판 쪽에서 일했다는 말을 듣고 교정교열을 해보면 어떠냐는 권유가 들어왔습니다. 그렇지만 저는 무섭고 자신이 없었습니다. 오타를 내면 어쩌나, 틀리면 어쩌지 하는 걱정이 되었습니다.

그런 마음을 상담소의 선생님에게 말하니 선생님이 제가 평생 들은 말 중에 가장 놀라운 말을 해주셨습니다.

"틀리면 어때요? 우리는 글자 하나 틀리는 것보다 조제님이 더 중요해요."

아, 이 말을 듣는 순간 저는 저도 모르게 눈물이 펑펑 났습니다. 저는 한 번도 내가 이런 존재라는 생각을 해본 적이 없었습니다. 일을 할 때 틀리면 절대 안 되지, 틀리는 것보다 내 존재가 소중하다는 생각은 해본 적이 없었습니다. 그런 걸 가르쳐 준 사람도 없었고 스스로도 생각해 볼 수 없었습니다.

이 순간을 시점으로 저는 내가 그동안 성공하고 일을 잘해야 가치가 있는 존재라고 생각했던 마음을 조금씩 바꾸기 시작했습니다. 그 마음이 저를 아주 오랫동안 병들게 해온 주범이었던 것입니다.

저는 인간이고 인간은 성공하지 않아도 그 무엇을 잘하지 않아도 그 자체로 가치 있는 존재인 것이 당연한 것인데 그동안 아무도 내게 그런 것을 가르쳐 주지 않았습니다. 사실은 지금도 많은 사람들은 그렇게 생각하며 스스로를 소진시키면서 성공을 향해 달려가고 있지 않을까요. 자신이 가치 없다고 믿으며.

놀라운 것은 내가 아무것도 하지 않아도 살아 있을 가치가 있는 존재라고 조금씩 생각하기 시작하면서, 전에 성공해야 한다고 믿으면서 무엇을 할 때보다 일이 더 잘 되었다는 것입니다. 아이러니입니다.

절박하게 불안하고 초초하게 무엇을 하기보다, 힘을 빼고 '잘 되면 좋고 안 돼도 어쩔 수 없지' 하는 마음으로 했더니 더 잘 되었습니다. 그리고 잘 되지 않아도 전보다 상처를 덜 받고 자책을 덜하게 되었습니다. 이러면서 서서히 저는 삶을 살아갈 힘을 조금씩 모으기 시작했습니다.

그러다가 사무보조 알바도 시험 삼아 해보고 그게 어려우면 글로 할 수 있는 재택알바도 조금씩 하면서 무리하지 않고 이 세상에서 살아갈 방법을 찾아보았습니다.

정신과 병원에도 용기를 내어 찾아가 맞는 약을 찾으면서 우울증도 조금씩 나아지기 시작했고 나중에는 우울증이 나아지는 경험으로 그림 에세이 『살아 있으니까 귀여워』도 낼 수 있게 되었습니다.

이 모든 건 아주 열심히 한 건 아닙니다. 그냥 조금씩 힘을 빼고 '하면 좋고 안 되도 괜찮아'라는 마음으로 한 것입니다.

우리는 모두 가치 있고 귀여운 존재입니다

우리는 모두 살아 있는 것만으로도 가치 있고, 귀여운 존재입니다.

어릴 때부터 이 사실을 알았다면 얼마나 사는 게 덜 힘들었을까요? 공부를 잘해야, 외모가 아름다워야, 좋은 대학에 들어가야, 좋은 회사에 들어가야, 돈을 많이 벌어야 가치 있는 존재인 것은 아닙니다.

인생의 목표가 성공과 돈만은 아닙니다. 이 사실을 좀 더 빨리 알았다면 내가 그렇게 오래 아프지 않았을 테지만 지금이라도 알아서 다행입니다. 지금은 예전보다 설렁설렁 인생을 산책하듯 살고 있습니다.

이차피 인간은 누구나 죽습니다. 이세 죽을 때까시 살아가는 것을 느끼면서 살고 싶습니다. 지금 혼자 방 안으로 들어가 있는 저의 동료분들에게도 이것을 전해드리고 싶습니다.

어떤 것도 잘하지 않아도 괜찮습니다. 지금 하고 싶지 않으면 안 해도 됩니다. 그러다가 하고 싶어지면 할 수 있는 만큼, 하고 싶은 만큼 하면 됩니다. 삶은 이겨야 하는 경쟁도 아니고 잘해야 하는 시험대도 아닙니다. 그냥 조금씩 이것저것 하고 싶은 것들 하면서 경험해 보고 즐겁기도 하고 하면서 살아가는 '경험'이라고 생각합니다. 함께 인생을 '경험'할 수 있기를 빕니다.

은둔형 외톨이 여러분을 응원합니다.

여태까지 내 마음속 시계바늘은
남의 기준으로 움직였다. 그래서 불행했다.

이제는 나만의 기준으로 움직이려 한다.
아예 잠시 시계를 멈출 수도 있다.
모든 게 이제 나의 시간이고 순간이다.

잘 크라고 나에게 물을 줍니다.
언젠가 튼튼한 나무로 자라서
내가 날 믿고, 나자신에게 의지할 수 있길...

내일은 오늘과 다른 새로운 내일이니까
다르게 행동하면서 덜 우울해지길 빌어보아요.
맛있는 걸 먹어보거나 산책 하거나
안심되는 누군가에게 연락해보아요.
무엇이든 '행동'해보아요.
생각하고 감정에만 휘둘리지 말고.

무섭고 불안할 때
잠깐! 멈추고
심호흡을 후! 하고
두려워하는 자신을

위에서 따듯한 별빛을 내려주듯
상냥한 눈으로 내려다보아요.
그럼 신기하게 좀 나아질 수도 있어요.

더이상 아무 것도 견딜 수 없게 느껴질 때
내 닳아버린 심장이 숨어 들어가
쉴 수 있는 안전지대가 필요하다.

그런 곳을 마음 속에 만들어야겠어.

가을이 되면 우울해지기 쉽다.
올해도 그랬다.
그치만 다른 어떤 때보다 조금은 더 빨리
다시 일어나고 있다.
매년 나빠지기는 하지만 좋아지는 속도가
조금씩 나아져간다.
그것은 희망이다.

반짝이는 밤의 한강물을
보면 뛰어내리고 싶던 때가
있었습니다.

하지만 강물은 그냥 아름답게 반짝이게
놓아두기로 해요.

날씨가 추워지면 마음도 추위를 타요.
마음속이 돌멩이처럼 무겁고 우울해지기도 하지요.
추워져서 그렇다는걸 알고,
우리 스스로를 조금더 돌보아주어요.

오늘 하루 보내느라 수고했어!
부디 내일이 오는 게
너무 두렵지 않은 밤이 되길...

오랫동안 기분이 다운되면 금방 죽고 싶어졌었다.
오늘 문득, 이제 그렇지 않다는 것을 깨달았다.
그동안의 노력이 마음에 싹을 틔우고 있는 것이다.
나는 재생하고 있다.

글, 그림/ 조제
'인생의 상처'라는 화두로 글을 쓰고 책을 만들고 있다. 어린 시절 겪은 부모의 심한 불화와 알콜
중독을 동화『엄마아빠재판소』에, 우울증 경험을 그림에세이『살아 있으니까 귀여워』에 담았다.
앞으로도 읽고 쓰고 그리며 계속 살아갈 것이다.
xxeen@naver.com

나는 예전보다 나를 더 사랑하기로 했다

-자스민(30대 은톨이)

초등학교 3~4학년까지 서울에서 살 때는 거의 돈 걱정 없이 살았다. 나는 아직 어린 나이였는데도 아빠는 매일 매일 용돈도 엄청 많이 주셨고 나는 그 돈으로 매일 필요 없는 학용품들을 구매했다.

나는 말도 많았고 친구도 많았다. 그런데 깊은 관계는 없었다. 집에서 부모님이 다툴 때마다 점점 말이 없어졌던 것 같다.

나는 낯가림이 좀 있었는데 그때마다 주변 사람에게 나를 소개할 때 아빠는 "쟤는 숫기가 없어서 낯가림이 심해요"라고 말했었다. 그래서 나는 가끔 혼란스러웠다.

어린 시절 엄마와 아빠는 내가 가끔 동생과 싸우든가, 사촌이 집에 외 사촌이 잘못을 해도 나만 혼냈다.

초등학교 3학년 때부터 엄마 아빠 사이와, 아빠와 할머니 사이에서 불화가 있었다. 일주일에 4~5일은 조용한 날이 없었다. 무서웠다.

그때마다 가끔 내 탓인가 생각했다. 밤마다 술 먹고 들어오는 아빠가 무서워서 자는 척을 했다.

폭력보다 더 아팠던 "이제 나는 니 아빠 아니다"는 말

어느 날은 술집 여자를 데려온 적이 있었다. 엄마에게 이혼을 요구하고 그 여자와 살겠다고 했다.

술에 취한 아빠가 흉기로 엄마와 다른 사람들을 위협했다. 그때부터 경찰이 집에 찾아오는 일이 잦았다.

그러다가 아빠가 시작한 지 얼마 안 된 택시 사업이 망하면서 초등학교 4학년 말에 부모님이 이혼을 하게 되었고 동시에 집에 돈이 하나도 없어졌다.

이혼을 하면서 아빠가 했던 말은 "이제 나는 니 아빠 아니다"였다. 나는 울먹이면서 "네"라고만 말했다.

서울에서 경기도로 이사 오면서 너무 혼란스러웠다. 나에게 더이상 아빠는 없을 거라 생각했다.

경기도로 이사 온 후 엄마는 야간 공장에 다니게 되었다.

그리고 1년 뒤에 아빠가 쫄딱 망해서 집에 들어와 같이 살게 되었다. 이혼은 계속 유지된 상태였다.

아빠는 일은 안 하고 매일 술만 드시고 헛소리하고 집안 살림 다 때려 부셨다. 너무 무서웠다.

아빠와 엄마에게 아무 이유 없이 맞지는 않았지만, 항상 어이없는 이유로, 다양한(?) 방법으로 많이 맞았던 거 같다. 특히 동생은 때리지 않았고 나만 맞았다. 언니라는 이유로.

전학 후 시작된 왕따

전학을 가고 적응을 하지 못 해 나는 자꾸 이상한 행동만 했다. 씻는 방법을 몰라 씻지 못 하고 등교하는 날이 많아서 왕따를 당했다.

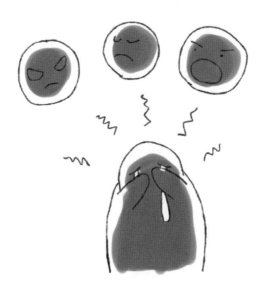

내가 그림 그리는 걸 좋아해서 그림을 그리는 친구가 있어 친하게 지냈는데 어느 날 다른 친구들이 나를 무시하니까 그 친구도 나를 무시하고 왕따를 시켰다. 그래서 그 이후로 20살이 되기 전까지 그림 그리는 사람들이 싫었다. 그 기간 동안에 그림을 그린다고 말하는 사람이 있으면 열등감이 너무 심해졌다. 이 생각은 시간이 지나고 조금은 해결되었다.

4학년 말부터 왕따를 당하는 6학년까지, 시간이 너무 괴로워서 학교에 가고 싶지 않았다. 하지만 엄마를 힘들게 하고 싶지 않았고 그냥 학교는 가야 하는 것이기 때문에 학교를 가기 싫다는 생각조차 들지 않았다. 등교거부는 생각조차 들지 않았다. 담임선생님마저 나를 쓰레기 취급하곤 했다. 담임선생님마저 나를 무시하는 날이 계속 되었다.

드디어 졸업을 하는 날이 올 때 해방감에 너무 행복했다.

컴퓨터와 인터넷 세상에 빠지다

중학교에 들어가고도 집안 사정은 전혀 나아지지 않았다. 아빠의 술주정도 나아지지 않았다.

공부는 이사 오고 나서부터 정신적으로 힘들어서 관심이 없어졌고 하고 싶지도 않았다. 컴퓨터 하는 것과 그림만 그리고 싶었

다.

　그래도 중학교 때는 친구가 조금 있었다. 내 이상한 행농은 전보다 많이 누그러졌지만, 깊은 관계는 아니었던 친구들은 하나둘 나를 떠났다.

컴퓨터와 인터넷 세상에 본격적으로 빠진 건 중학교 2학년 때였던 것 같다. 매일 매일 몰래 컴퓨터 하고 그때마다 아빠한테 혼나고 매일 PC방에 갔다.

인터넷 세상에서는 날 알아주고 나와 대화해 주는 사람들이 있어서 그것이 너무 행복했다. 심지어 아무것도 안 하고 전투만 하는데 레벨업하는 내 캐릭터를 볼 때마다 현실에선 시궁창인 나를 더 잊을 수 있어서 계속 더 빠졌던 것 같다.

어느 날 갑자기 찾아온 환청과 환각

그러던 어느 날 갑자기 텔레비전을 보는데 환청과 환각이 보이는 날이 있었다. 누군가 칼로 날 찌르는 것 같은 느낌이 너무 심했다. 그래서 엄마한테 도움을 청하고 학교 담임선생님과 상담 선생님께 도움을 청해서 시에서 운영하는 보건소에 정신건강센터 같은 곳에 엄마와 가서 상담을 받았다.

상담을 받고난 후 상담선생님은 또 다음번에 와달라고 했는데, 엄마가 했던 말은 "거긴 널 정신병자 취급 하니까 가지 말아라"라는 말이었다.

나는 너무 슬펐다. 나를 어떻게 취급하든 아무래도 상관없었으니까 고통스러운 게 없어졌으면 좋겠는데…. 엄마를 걱정 시키고 싫지 않아서 나는 더 이상 보건소에 상담 받으러 가지 않았다. 아마 그때 계속 상담을 받았더라면 지금보다 덜 아팠을지도 모른다.

내가 다니던 중학교는 천주교 중학교라서 수녀님이 계셨다. 그 당시 중학교 3학년 때는 수녀님이 상담 선생님이셨다. 선생님은 나에게 십자가를 주셨다. 그래서 환청이나 환각이 보이면 십자가를 손에 꼭 쥐었다. 잠을 자려고 해도 잠이 오지 않아서 매일 늦게 잤던 것 같다.

그 당시도 학교는 꼭 가야 하는 것이라고 생각했기 때문에 등교

거부는 생각조차 들지 않았다. 그대신 매일매일 양호실에 있는 시간이 많았다. 시험이고 친구고 수업 따위는 나에게 중요하지 않았다.

환각과 환청 증상은 그러다가 말았는데 서른이 막 지난 나이인 지금도 약을 먹어도 가끔씩 그 증상들이 나도 모르게 나타난다. 무섭다.

수업에 빠지고 양호실에 있거나, 수업은 참여하지만 듣지 않거나 아예 공부를 하지 않으니 내 중학교 시절 성적은 그야말로 개판이었다. 그 당시에는 성적보다는 집에 쌀이 있는지 없는지, PC방 갈 돈이 있는지 없는지와, 아빠가 오늘 밖에서 술을 먹었는지 안 먹었는지 그게 나에겐 더 중요했다.

성적 부진으로, 원하는 고등학교에 떨어지다

중학교 때는 초등학교 때처럼 나를 괴롭히는 애는 없었다. 그냥 날 집요하게 괴롭히는 애가 한 명 있었다. 그러다가 나중에는 걔가 오히려 왕따를 당하고 다른 애들에게 맞았다는 이야기를 들었다. 왠지 속이 시원했다.

중학교 때는 정신적으로 더 힘들어서 그래서 아무것도 하지 않고 컴퓨터만 열심히 한 기억 밖에 없다. 중간에 자살 시도도 몇 번

했었는데 실패했다. 나는 겁이 많으니까.

  고등학교를 결정해야 하는데 내가 워낙 공부를 하지 않아 답이
없었다. 물론 내가 공부하지 않은 잘못이 있었지만 그 당시에 나
는 너무 억울했다. 애니메이션고등학교에 가고 싶었는데 성적도
안 되고, 환경도 돈도 안 돼서 부모님께 가고 싶다는 말조차 말할
수 없었다.
  내신 점수를 보고 너무 충격이었다. 내가 이렇게 수준이 낮다
니….
  그래서 지역에 괜찮은 실업계를 골라서 웹디자인과에 지원했다.
고등학교 가서는 열심히 공부해야지 하는 생각이었다. 늦었지만
대학에 간다는 목표로 진짜로 열심히 하려고 했다. 그런데 결과는
내신점수가 한참 미달이라 지원한 과에 떨어졌고 나는 좌절했다.
  지역에서 아무나 갈 수 있는 공고에 들어갈 수밖에 없었다.

나의 유일한 구원은 대학 진학뿐이었다

  고등학교 때 집안 사정이 더 안 좋아져서 반지하로 이사하게 되
었다. 집에는 반찬도 없어서 맨밥에 케첩과 머스타드와 김치를 비
벼 먹는 날이 매일 계속 되었다. 그것은 정말 맛이 없었다.
  오직 '내가 대학에 들어가면 이 지옥이 끝날 거야'라는 믿음으로

버텼다. 대학에 간다는 건 공부보다도 해방감이 컸다. 지금보다는 나아질 거란 믿음이 나의 유일한 구원이었다.

부모님 사이의 관계는 전보다 더했지 전혀 나아지지 않다. 엄마가 일하고 있을 때 아빠는 스토커처럼 전화를 해댔고 엄마는 덕분에 공장에서 해고되는 일이 잦았다.

고등학교 때는 날 거슬리게 하는 남자애들이 몇 명 있었다. 그것도 스트레스였다.

친구도 몇 명 있었고 그럭저럭 잘 지냈다. 하지만 깊은 관계는 없었다.

여전히 인터넷 세상이 더 좋아서 나는 더 깊게 빠져들어 갔다.

고등학교 1학년 때 나는 사실 자퇴하고 싶었다. 담배 냄새와, 나와는 다른 세상의 반 아이들, 학교 분위기 때문에 우울증도 너무 심했다. 그래서 진지하게 자퇴하고 싶다고 담임선생님께 말씀드렸다가 혼만 났다. "여기서 포기하면 되겠냐? 고등학교 졸업은 해야 되지 않겠냐?"는 말씀이었다.

지금 생각하면 그렇게 말씀해 준 고등학교 1학년 담임선생님이 너무 고맙다. 학교의 명성은 그다지 좋지 못한 곳이었는데 선생님들은 너무 좋았던 기억이 난다. 그것이 나에겐 큰 위로였다.

그 이후로 아무도 공부하지 않는 학교에서 혼자 열심히 수업을 들었다. 내신 점수를 잘 받아서 대학에, 구원에 가까워지고 싶어서 정말 열심히 했다.

심지어 시험기간이 다가오면 예상 시험문제와 정답을 미리 알려 주었다. 나는 머리가 그다지 좋은 편은 아니었지만 정말 열심히 답들을 외웠다. 열심히 외운 결과, 내 내신 점수는 1~2등급이 나왔다.

너무 기뻤다. 그렇지만 가족들 중에서는 아무도 이 사실에 관심이 없어서 허무했다. 내겐 오로지 대학에 가겠다는 생각뿐이었다.

엄마의 가출과 버려졌다는 배신감

고등학교 3학년 중간고사가 끝나고 집에 들어왔는데 엄마가 다급하게 짐을 싸고 있었다. 내가 "엄마 어디에 가?" 하고 물었는데 엄마는 "도저히 이 집에서 아빠와 같이 살 수 없다"고 대답했다. 그래서 나는 "아빠가 오기 전에 빨리 가라"고 말했다.

근데 이게 웬일인가. 엄마가 짐을 싸서 나가는 순간 아빠가 들어왔다. 엄마는 아빠에게 잡혀 들어왔다. 이제 끝이라는 생각에 너무 무서웠다. 누군가는 죽을 거 같았다.

아빠가 엄마를 감시하는 동안 아빠가 잠깐 화장실에 갔을 때, 엄마는 후다닥 소리를 내면서 부리나케 집을 나갔다. 내가 고등학교 3학년 때 중간고사 기간이었다.

버려진 배신감에 엄마가 미웠다. 엄마와는 이제 끝이라는 생각이 들었다. '대학은 어떻게 가지?' 이런 생각도 들었다.

케첩과 머스타드 김치밥을 먹고 사는 동안, 엄마가 집에 없어서 집세도 계속 내지 못 했다. 집주인의 독촉에, 집에 수없이 피어버린 반지하 곰팡이처럼 난 아무것도 할 수 없는 걸 느꼈다. 간신히 전기와 수도만 나왔다. 보일러는 끊어진 지 오래라 전기로 따로 물을 끓여서 씻는 날이 계속되었다. 아마 마지막 수업료도 내지 못 한 걸로 기억하고 있다.

동생은 나와 다른 성격이라 스스로 알바를 하고 있었다. 이제는 꿈도 희망도 없어질 때쯤 곧 졸업이 다가와 대학 수시전형 원서를 써야 하는데 원서비조차 없었다. 그래서 동생 알바비에서 빌려서 원하는 대학 한 군데에 지원을 했는데, 다행히도 붙었다.

나는 너무 기뻤지만 아무도 관심이 없었다. 그래도 나의 구원에 한 발짝 다가간 느낌이라 너무 기뻤다. 이제 해방이다! 끝이다! 뭔가 인생에 끝이 보이는 그런 느낌이었다.

구원의 입구에서 사라져버린 희망

이제 남은 건 등록 예치금을 내야 하는 것인데 나는 돈이 없고 집에도 돈이 없다. 할머니에게 돈을 빌려서 예치금을 내려고 했었는데 등록 예치금을 내는 날 당일 경찰서에서 전화가 왔다. 아빠가 술을 먹고 술집에 있는 여자를 팼다는 전화였다. 내 대학 예치금과 등록금으로 쓰려 했던 돈은 아빠의 벌금으로 나갔다.

물론 빚을 내어서 대학에 갈 수 있었지만 난 그 빚을 갚을 능력도 안 되었다. 나중에라도 나는 그 빚은 갚기 힘들었을 것이다. 난 낯가림도 심하고 사회에서 일을 어떻게 하는지도 몰랐다. 그냥 뭔가 사회에 일하러 나간다는 게 무서웠다. 그냥 대학에 가는 게 목표였지, 어떻게 가는 건지는 바보 같이 생각조차 하지 않았다.

너무 좌절했다. 꿈도 희망도 없었지만 이제 더 없어진 것 같았다. 내 구원이, 내 꿈이, 내 인생이 모두 다 없어지는 느낌이었다.

그렇게 한 달 동안 울었다.

그렇게 시작된 나의 첫 은둔생활

지금 생각하면 너무 암울하다. 졸업을 하고 그렇게 1년 동안 방 안에만 있었다. 그것이 내가 기억하는 첫 은둔 생활이다

그냥 하고 싶은 것도 잊어버렸다. 어떤 것을 해야 될지 몰랐고, 하려고 했던 것도 잊어버린 상태였다. 그냥 PC방에 가서 컴퓨터만 했다.

계속 컴퓨터로 나와 대화하는 사람들과 날 알아주는 사람만 찾아 다녔다. 내 옆에는 아무도 없는 상태였으니까.

하루 종일 게임을 켜고 게임은 거의 하지 않고 게임 속에서 사람들과 채팅만 했던 기억이 난다. 오늘은 뭘 했고, 오늘은 뭘 먹었고, 이런 사소한 대화조차 나눌 사람이 현실에 없어 그런 욕구를 게임으로 대신 채우고 싶었다. 그러나 나의 욕구는 채워지지 않았고, 인터넷 속의 사람들과 대화를 하면 할수록 더 외로워졌다

그들을 향한 나의 집착은 더 심해졌고 점점 하나 둘씩 떠나갔다. 너무 나 자신이 싫어졌다. 상대방도 미워졌다. '나는 잘못이 없고 너희들을 좋아한 것밖에 없는데 왜 날 싫어하는 거지?' 나 자신이 너무 쓸모없게 느껴졌고 아무것도 아닌 것처럼 느껴졌지만 다시 인터넷으로 다른 사람들을 찾아서 다녔다.

현실에서 아빠가 술을 먹고 행패를 부린다거나 아무것도 할 게 없을 때 난 항상 컴퓨터 앞으로 향했다.

거울을 보면 못생기고 뚱뚱한 내가 혐오스럽게 생긴 내가 앞에 있는데, 컴퓨터로 가면 이쁘고 귀엽고 날씬한 내 캐릭터가 있었다. 그렇다는 사실을 인지할 때마다 나 자신이 너무 한심했다. 나 자신을 죽여 버리고 싶었다.

게임을 하다가 내 캐릭터를 꾸밀 돈이 필요해진 걸 느꼈다. 하지만 돈이 없었다. 일을 구해야 했었지만 사회에 일하러 나간다는 게 무서웠다. 현실에서 사람을 마주 보는 게 무서웠다.

면접으로 내 자신이 다른 사람 앞에서 평가 받는 게 너무 무서웠다. 마치 옷을 입고 있지만 벌거벗은 듯한 느낌이었다. 지금도 그렇지만 이런 이유가 내가 일을 구할 수 없는 이유 중에 하나인 것 같다.

1년만에 집밖으로 나와 시작한 첫 부업 알바

그렇게 1년이 흐르고, 무언가는 해야 될 거 같아서 부업 알바를 처음 시작했다. 그런데 알바 할 때 너무 무리를 해서 알바를 해서 내 인생 처음으로 받은 첫 월급은 한의원에 치료 받느라 다 써버렸다. 심지어 의료보험조차 없었다.

그 다음에 내가 한 알바 일은 휴대폰 부품을 부착하는 일이었다.

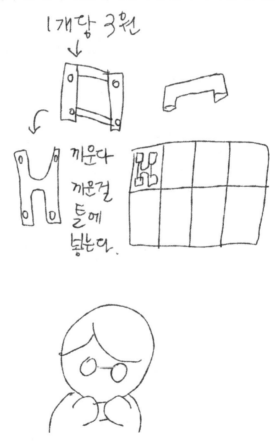

길을 걷다가 부업 알바를 모집하는 종이를 봤다. 용기를 내어 전화를 걸었다. 부품당 받는 돈이 2원, 3원이었다. 그것도 아마 6개월~7개월 하고 그만두었다. 무언가 해야 되는 처음 마음은 잊어버렸고, 힘들어서 이제 더 이상 그만 하고 싶었다.

그 이후로 다시 집에만 있었다.

반지하에 곰팡이 핀 방 한 칸에 아빠와 나 그리고 동생이 생활을 했다. 아빠가 술을 먹고 오는 날이면 정말 죽을 맛이었다. 동생도 아빠도 나에게 관심 없었다. 당연히 나도 그들에게 관심이 없었다.

인터넷으로 대화하는 사람마다 나를 만나고 싶어했지만 그때마다 거울을 보면서 울었다. '미안하다. 나는 정말 못생겼어. 그래서 만날 수가 없어.' 사람들을 만나고 싶었지만 아무도 만날 수 없고 그저 글로 위로를 받기 원했다.

그때마다 '동생은 예쁘고 나는 못생겼는데…' 비교하면서 자괴감과 온갖 괴로움에 시달렸다. 못생기게 날 낳아준 부모님이 미웠다. 거울도 보고 싶지 않았다. 아무렇게나 자란 머리카락을 씻긴 하지만 정돈되지 않은 내 형태 때문에 밖에 나가고 싶지 않았다. 못생긴 내 얼굴이 혐오스럽고, 쳐다보는 사람마다 초등학교 때 날 보면서 '돼지'라고 놀리던 애들처럼 나를 욕하는 것 같았다. 무서웠다.

어쩔 수 없이 마트에 갈 때만 외출을 했다. 그러는 시간이 계속

되는 동안 너무 괴로웠다. 끝내 버리고 싶었다. 시간이 끝났으면
좋겠다고 빌었다.

돈이 없으니 가스요금을 내지 못 해 집에서 수도는 나오고 전기
는 들어왔지만 가스가 끊어졌다. 집세도 1년 이상 밀렸던 걸로 기
억한다. 다행히 집주인이 우리를 내쫓지는 않았다. 밀린 월세 때
문에 욕만 했었던 기억이 난다.

다른 건 다 참아도 정말 최악이었던 건, 추운 날 찬물을 전기로
끓여서 씻어야 한다는 점이었다. 집에 TV도 나오지 않아서 DMB
폰으로 봤던 기억이 난다. 그 덕분에 이후엔 TV 중독자에서 탈출
할 수 있었다.

잉여의 하루가 계속되고 삶의 의미를 못 찾을 때쯤 아빠는 술을
먹고 들어와서 깽판을 쳤다. '언젠간 저 인간에게 복수하리라'는
다짐을 하면서도 정작 나는 방 안에서 아무것도 안 하고 한심한
상태가 계속 되었다. '이젠 정말 죽고 싶다'는 생각이 너무 강렬했
다.

그 순간, 너무 슬펐다. '내가 왜 죽어야 하는 걸까?' 이런 생각과,
'내 인생에도 무언가 있을 텐데'라는 생각… 이런 서런 생각이 들
었다.

자살 시도를 했지만 역시 몇 번이나 실패했다

마지막 탈출구를 찾아서

마지막으로 문득, 중학교 2학년 때쯤 상담했던 상담 선생님이 생각났다. 그분이면 나를 도와 줄지 모른다는 생각이 들었다.

중학교 때 1년 동안 학교에 계시다가 다른 곳으로 옮겼던 걸로 기억나서 그 옮긴 곳 전화번호를 검색한 다음에 전화를 걸었다. 역시나 다른 곳으로 가셨다는 소식을 들었다. 그래서 다급하게 연락처를 제발 알려달라고 사정했다. 다행히 전화번호를 알려 주셔서 그 번호로 나는 전화를 걸었다.

그렇게 중학교 2학년 때 알던 선생님과 연결되어 나는 도움을 받게 되었다. 그때가 내 나이 21살이었다.

그런데 내가 나이로는 이미 성인이라 청소년도 아니고, 그렇다고 완벽한 성인도 아니라서 센터나 쉼터에 들어갈 수가 없었다. 나는 어떻게든 이 지옥 같은 반지하에서 벗어나 제발 아빠와 떨어지고 싶었다.

그렇게 수소문하다가 어떤 교회를 알게 되어서 그곳에서 일단 무료로 생활하게 되었다. 갈 곳이 없는 부모님이 없는 아이들과 학교밖 청소년들이 그룹 홈을 이루고 사는 곳이었다.

반지하 집에서 나갈 때 아빠한테 미리 허락을 받고 나갔는데 아빠로부터 욕이란 욕은 다 들은 것 같다. 정말 내가 쓸모없는 사람이 된 기분이었다.

아빠는 나를 팔아넘긴다는 등등의 어이없는 소리도 해대고, 교회 사람들에게 전화해서 행패도 몇 번 부렸었다.

피난처가 되어준 교회 그룹 홈

하지만 그곳에서 나름 잘 지냈다. 그리고 그곳에서 추천해 준 정신과에 다니게 되었다. 그런데 나는 이미 학교를 졸업한 후라, 학교밖청소년은 아니라서 나는 그들과 좀 다르다고 생각했다. 그 탓에 그곳에 있었지만 나는 어디에서도 소속감을 느끼지 못 했다.

정말 외로워서 방황을 정말 많이 했다. 이상한 행동도 하고, 교회에 민폐도 많이 끼친 것 같다. 지금 생각해 보면 부끄럽고 죄송하기도 하다. 비록 지금은 연락을 하지 않고 지내지만 정말 고맙다고 마음을 꼭 전하고 싶다.

그곳에서 1년 동안은 아무것도 안 하고 방에서 지냈다. 그 당시엔 하고 싶은 게 아무 것도 없었다. 그냥 아빠한테서 탈출하는 게 목표라 그 목표를 이루고 나니까, 하고 싶은 것도 없고, 뭘 해야 되는지도 전혀 생각나지 않았다. 엄청나게 공허하고 외로운 느낌만 들었다.

교회에서 슬슬 보증금을 모아서 나가라고 해서 알바도 잠깐 했었지만 금방 그만두었다.

그러다가 어느 날 엄마가 연락이 닿았다. 하지만 나는 더 이상 나를 버리고 간 엄마를 보고 싶지 않았다. 배신자 같았다. 당연히 아빠한테는 비밀로 했다.

독립해 나갈 보증금을 모으는 동안, 엄마도 도움을 줘서 방을 구할 수 있었다.

방을 구하고 거의 3년 동안은 아무것도 안 하고 게임만 했던 기억이 난다. 도움을 받던 대안학교에서 미술수업이 있어서 참여한 기억도 나지만, 거의 대부분은 아무것도 하지 않았다.

하고 싶은 것도 없고 뭘 해야 될지도 전혀 몰랐다. 언젠가는 일을 해야 되는데 진짜로 정말 뭘 해야 될지도 몰랐다.

트라우마만 남긴 나의 첫 직장 생활

그러다가 지인이 디자인회사를 추천해 줘서 디자인회사에 취업을 했다. 첫 사회생활이고 첫 디자인회사라 아무것도 몰라서 너무 힘들어서 퇴근하면 술만 먹었었다. 한 4개월 다니다 그만두었다.

나 자신이 너무 한심했다. 전화를 못 받는다고 매번 다른 회사에

서 클레임이 들어와서 퇴근을 하지 못 하고 남아서 전화 받는 연습을 시켰다. 그때시 아직도 일로 선화 받는 게 트라우마로 남아 있다.

그리고 또 다시 집 안에만 있었다. '그냥 이제 죽어 버릴까' 생각했다. 딱히 살 이유가 없었다.

2015년에 도움을 받던 대안학교에서 알바를 했다. 대안교육이라는 게 나한테 너무 무리였고 부족한 내가 누군가를 가르치고 도와준다는 게 상상이 되지 않았다. 쓸모없는 내가 누군가를 가르칠 수 있을까 생각하니까 살기 싫어졌다. 자신이 없어졌고, 폐 끼치고 싶지 않아서 도망치듯이 그만둬 버렸다.

갑작스럽게 찾아온 아빠의 죽음

대안학교를 그만두고 이제 뭐하고 살지 아무 생각도 없이 집에 있을 때, 동생에게 다급한 전화가 왔다. 아빠가 이상하다는 것이다.

동생 전화를 받고 집에 달려갔는데 아빠는 뼈밖에 없었다. 아무런 기운도 없고 금방 죽을 사람처럼 누워 있었다. 무서웠다.

그렇게 밉고, 죽여 버리고 싶은 아빠였는데, 정말로 사람이 죽는다고 하니까 눈물 밖에 나오지 않았다.

119를 불러서 구급차가 왔는데 아빠가 거부해서 가지 못 했다. 그러다 아빠가 바지에 실례를 해서 그걸 씻어서 닦고 다시 119를 불러야 한다는 생각뿐이었다. 그런데 그 순간, 아빠가 내 앞에서 눈을 부릅뜨고 숨을 멈췄다.

119를 다시 불렀다. 심폐소생술을 계속 했지만 심장이 뛰지 않았다. 구급차가 와서 아빠를 실어갔다.

병원에 갔을 때 겨우 심장은 다시 뛰게 했다고 의사가 말했지만 뇌는 이미 죽은 상태라 했다. 눈물 밖에 나오지 않았다.

"마음의 준비를 하세요"는 영화나 드라마에서 보던 건데 내가 직접 들을 줄이야⋯. 정신이 멍했다. 며칠 전까지만 해도 살아 있던 사람이 갑자기 이렇게 되어 버리다니.

의사가 한 번 더 심정지가 오면 심폐소생술을 할 것인지 말 것인지 결정하는 사인 종이를 줬다.

정신이 멍했고 눈물이 계속 나왔다. 나는 잔인하게 거기에 사인을 했다.

아빠가 죽는다니⋯.

너무 충격적이었다. 믿기지가 않았다. 진짜로 복수한다고, 죽여 버린다고 했었는데, 이렇게 죽어 버리다니⋯. 너무 슬펐다. 미안했다.

'우리는 당신을 살릴 돈이 없어요. 미안해요 아빠.'

장례식이 진행되고 엄마는 고모들 때문에 올 수 없었다. 장례식 하는 동안, 혹시라도 몰래카메라인 줄 알고 몇 번이고 영정 사진을 봤던 기억이 난다.

정신없게 장례식이 끝나고 유품정리를 하다가 아빠의 일기장을 봤다. "모두에게 미안하다"는 말이 적혀 있었다. 너무 슬퍼서 그 일기장을 붙잡고 몇 시간 동안을 울었다.

그렇게 정리가 끝나고 나는 이제 자취방으로 돌아왔다. 이제 나는 혼자 살 것이라고 생각했었는데 엄마와 동생이 찾아와 "이제 아빠가 없으니까 같이 살자"고 했다.

나는 썩 내키지 않았다. 정말로 성격이 안 맞기 때문이다. 분명히 매일 싸울 것이라 짐작했다. 하지만 이번 달 월세도 걱정인 데다 다음 달 월세도 걱정이 되어 그냥 같이 살자고 승낙했다.

어차피 나에게 가족은 이미 오래 전에 없었기 때문에 그냥 월세 내기 싫어서 같이 사는 것뿐이었다. 이것이 내가 집에 들어갔던 이유였다.

아빠가 죽은 지 일주일 만에 데려온 엄마의 남자친구

그런데 이것은 잘못된 선택이었다.

새로 다 같이 살 집에 도착했을 때, 엄마가 남자친구라고 어떤 아저씨를 소개시켜 줬다. 충격적이었다.

'뭐지 이건…?'

아빠가 죽은 지 일주일도 안 된 거 같은데, 남자친구라고 데리고 오다니! 엄마와 왠지 더 멀어진 것 같았다.

그 이후로 엄마의 남자친구도 같이 우리 집에서 살게 되었다.

4명 다 서로 맞지 않아서 스트레스였다.

'내가 왜 이러고 사는 거지?' 하는 생각이 들었다. 엄마 남자친구인 아저씨는 내게 잔소리를 해댔다. '나는 당신을 가족이라고 생각해본 적 없는데 이 사람은 뭔데 나한테 잔소리를 하는 거지?' 라는 생각이 들었다

그렇다고 해서 엄마랑 결혼하다고 하면 모르겠으나 그것도 아니다. 이제 더 이상은 나에게 아빠는 없다고 생각했는데 말이다.

그렇게 엄마 집에 들어가고 나서 아무것도 하지 않았다. 하고 싶은 생각도 안 들었고, 계속 무언가 하라고 재촉하니까 더 하기 싫었다. 가족들이 나를 바라볼 때 무언가 경멸하는 듯이 바라보는 것 같아서 쓸모없이 느껴졌고 방에만 있는 내가 한심했다.

등 떠밀리듯 다시 시작된 직장 생활 그러나…

그러다 일하라는 재촉에 못 이겨서 간판 공장에 취업을 했다. 그런데 사장님이 본인이 할 일도 나한테 다 떠넘겨서 버거워서 그만

뒤 버렸다. 그리고 전화 받는 일 트라우마가 더 심해진 것 같아서 너무 힘들었다. 전화기 너머에서 말하는 소리가 내겐 잘 들리지 않았다. 웅얼웅얼거리는 소리 같이 들려서 너무 끔찍했다. 당황스러웠다.

더 이상 사무실에서 전화 받고 무언가 사무실에서 일을 하는 것이 불가능할 것 같다. 전화가 너무 무섭다.

일하던 사무실에서도 도망치듯이 그만둬 버린 다음에 바로 집에다 그만둬 버렸다고 말을 못 하고 한 일주일 정도 출근하는 척했다. 출근하는 척하고 옥상에 앉아 있는 다음에 가족들이 다 출근하고 나가면 그때 집에 들어갔던 기억이 난다. 왠지 비참했고 내가 쓸모없다는 생각이었다.

그리고 일주일 지나도 말할 용기가 나지 않아서 무서웠다. 다시 집에 쳐박혀 있을 생각을 하니 답답하고 가족들 반응이 생각하니 너무 무서웠다. 그러다 옥상에 있는 게 너무 더워 지쳐서 어느 날, 회사를 그만두었다고 말했던 것 같다.

속이 후련하면서 뭔가 이제 뭘 하면서 지내나 하는 생각뿐이었다.

그렇게 무언가는 하고 싶었는데 아무것도 할 수 없는 상태가 계속 되어서 집에 1년 이상 또 아무것도 하지 않았다. 이 상태로는 너무 계속 살고 싶지 않았다. 아무것도 못 하는 상태가 괴로웠다.

그러고 나서 공황발작이 갑자기 찾아와 한 달에 3번 이상 응급실에 실려 가는 일이 발생했다. 병원비를 낼 차례가 되면 그 순간 나는 너무 자괴감이 들었다.

더 이상 살고 싶지 않았고 괴로웠다. 내 의지와는 상관없는 발작이 계속 되니까 너무 고통스러웠다. 끝내버리고 싶었다.

정신과 치료를 계속 해서 받고 있었고 약을 먹어도 증상이 똑같아서 너무 괴로워 스스로 6년 정도 다닌 정신과 치료도 그만둬 버렸다. 집에서는 보험가입도 못 하고 한심한 사람처럼 보는 것도 스트레스 받는 이유라 그만둬 버렸다.

몸은 힘들어도 마음은 편했던 시계공장 파트타임

그런 상태가 계속 되다가 또 괜찮아졌을 때쯤 뭔가 다시 하고 싶었다. 그런데 내가 잘 할 수 있는 것도 없었지만, 내가 하고 싶었던 디자인도 이제는 더 이상 자신이 없어서 다시 디자인을 하고 싶지도 않았다.

그래서 몸은 힘들어도 마음은 편한 공장을 선택했다. 짧은 파트타임 시계비늘 공장에 들어갔다. 공장에 들어가서 하던 일은 일하는 자세가 너무 불편했다. 일하면서 고개를 들면 안 되고 확대경으로 오로지 시계바늘만 봐야 했다.

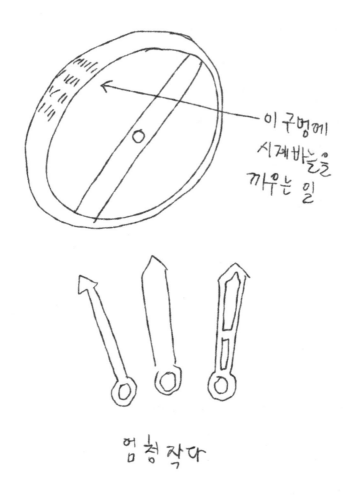

이 구멍에
시계바늘을
끼우는 일

엄청 작다

월급에 절반을 또다시 병원치료 하는 데 썼다. 그리고 월급의 나머지 절반을 피규어 사는 데 써버렸다. 사람이 싫어서 피규어를 모으면서 그들과 관계를 맺었다. 늘 내 옆에 있어 주고, 아무 말도 안 하고, 내가 좋아하는 캐릭터들이 내 옆에 있어 주는 게, 누가 뭐라고 해도 바보 같았지만 너무 좋았다.

사람 관계에 있어 실패를 하고 뭔가 스트레스 받을 때마다 피규어에 빠져 들어갔다. 가지고 싶은 게 많았다. 이것저것 사 모았다. 지금 생각해 보면 다 팔아버리고 싶기도 하지만 가끔 보면 귀엽다는 걸 느낌도 든다. 지금은 대부분 정리하고 몇 개 남지 않았다.

아무튼 그렇게 일은 하고 있었지만 뭔가 껍데기는 텅 빈 느낌이 계속 되었다.

일은 힘들지만 그만두지 않으려 했고 계속 해서 일을 하려고 했다. 그런데 갑자기 일하다가 기절을 하는 일이 일어났다.

깨어나 보니 벌써 119 구급차를 불렀고, 나는 금방 괜찮아졌는데 굳이 날 구급차에 실어 끌고갔다.

왠지 엄마가 날 한심하듯이 쳐다보던 얼굴이 생각난다. 자괴감이 들었고, 슬펐고, 병원비가 걱정되었다.

역시 또 공황발작이었다.

억울했다. '나는 괜찮은데 자꾸 왜 이러는 거지'라는 생각이 들었다.

그리고 나서 다음 주에 출근했다. 그런데 회사에서는 앞으로 더 이상 나오지 말라고 했다. 그러면서도 '권고사직이 아닌 내 의지로 그만두었다고 적어야 나에게 이득이 있다'는 식으로 말하는 게 아닌가! 그래서 나는 '대충 이제 뭐 끝인데, 어떻게 되는지 모르겠다. 나쁜놈들!' 하면서 그냥 말하는 대로 그렇게 적고 나왔던 기억이 난다.

왠지 '내가 잘못한 건가?' 하는 생각이 들었다. 억울했다.

집으로 돌아와서 또 7개월 이상을 집에만 있었다.

K2인터내셔널과의 만남

2018년 12월 말쯤부터 알아본 'K2인터내셔널'이라는 곳을 유심히 계속 알아봤다. 몇 년 전에 거기 대표님을 한 번 뵌 적이 있던 것 같은데, 히키코모리에 대해 더 알아보고 내 증상과 너무 비슷해서 계속 고민하게 되었다. '근데 이렇게 도움을 청해도 되나? 내가 도움이 필요한 사람인가?' 하고 말이다. 그러다 잊어 버렸다. 나는 도움을 받을 사람이 아니라고 말이다.

정말 진짜 뭘 해야 될지 모르겠다. 사람 만나는 것도 무서웠다.

그래도 포기하고 싶지 않아서 다른 공장에 아웃소싱을 통해 고대기 만드는 공장에 들어갔다.

일도 괜찮았고 사람들도 다 나와 비슷한 나이 또래에 관리자도 괜찮았다. 처음으로 내 일을 찾은 것 같고 뭔가 뿌듯했다. 뜻대로 잘 되는 것 같았다.

　단지 일이 없어서 사람들 임금을 주지 못 하고, 일이 없어서 쉬는 날이 점점 많아졌다. 결국 마지막에는 다들 공장에서 해고 당했다. 나는 2019년 4월말에 해고 당했다.

　해고를 당하고 난 뒤 모아둔 돈으로, 다니던 병원 말고 좀 더 큰

내학병원 정신과로 옮기게 되었나. 공황장애와 ADHD 신난을 받아 약을 먹고 있는 상태에서, 모아둔 돈으로 어디론가 여행을 가고 싶어서 혼자 일본으로 해외여행도 다녀왔다.

일본여행을 다녀와서 깨달은 건 '내가 못 하는 게 아니라 안 하는 거였구나'라는 것이었다.

그리고 무언가를 하려고 하니까 또 용기가 나지 않고, 또 회피하고, 하지 않으려 했다. 뭘 해야 될지 몰랐다기보단 뭘 해야 되는지 알긴 하는데 그걸 자꾸 피하고 싶었던 것이었다.

공장에서 일하면 하는데 그것 외에 문제가 계속 되니까 답답했다. 그래서 고민 끝에 'K2인터내셔널'에 전화를 걸었다

K2에서 와서 지내면서 나는 아주 조금씩 달라지기 시작했다. 그냥 내가 생각 하는 것들이 남들과 좀 다르다는 것을 받아들이기로 했다. 사람들은 다 그렇게 살고 있고, 사람 사는 건 다 똑같은데, 내가 너무 날 특별하게 생각했던 것 같았다.

나는 "내가 특별한 줄 알았는데 그냥 난 특별히 병신이었다"고 자주 말했다. 그런데 '사람은 별 거 없다. 다 똑같다.' 이걸 깨닫고 조금은 다른 사람과 나의 괴리감을 좁힐 줄 알게 되었다

그리고 다른 사람은 내 근본적인 문제를 해결해 줄 수 없다는 것과, 아무리 징징거려도 내 가슴에 뚫린 공허함은 다른 사람으로는 절대 채울 수도 없고 내 공허함을 해결해 줄 수 없다는 걸 깨달았다.

'어쨌거나 K2에서 우리는 같이 살고 있지만 우리는 일단 남이다.' 처음에는 이게 충격적이었는데, 사실 근데 객관적으로 생각하

면 그게 맞다. '우리는 남이라는 것, 적당히 외롭지 않게 적당히 가깝지도 멀지 않게 지내야 한다'는 사실도 깨닫게 되었다.

나는 예전보다 나를 더 사랑하기로 했다

그렇게 다른 사람에 대해 다르게 생각할 때쯤 나 자신에 대해 생각을 조금 다르게 하기로 했다. '긍정적으로 나를 바라보고, 나를 사랑하자. 나는 예쁘다.'

처음엔 거북했는데 하다 보니 괜찮은 것 같다. 아직까지 완벽하게 할 수는 없지만, 나는 예전보다 나를 더 사랑하기로 했다

내가 '못 해'라고 생각했던 것들은 전부 생각해 보니 내가 하지 않은 것들이었다. '나도 뭐든지 할 수 있다'는 스스로에 대한 믿음이 필요했다.

저번에 타코야끼를 팔기 위한 외부 행사를 할 때 내가 카운터를 봤었다. 솔직히 말하면 '이건 내가 절대 못 해!' 하고 도망치고 싶었던 일이었다.

나는 쥐구멍에라도 숨고 싶었지만(지금도 카운터를 보게 되면 매우 그렇나) 타코야끼 판매 행사를 통해 '어? 나도 잘 할 수 있네? 잘은 못 해도, 할 수는 있네!'라는 용기를 얻었다.

K2에 오고 나서 처음에 컴퓨터를 가지고 오지 않고 게임기만 가져왔는데 나중에는 작업할 것들 때문에 컴퓨터를 가져왔다.

그런데 요즘엔 예전과는 달리 컴퓨터로 게임도 하기가 싫다. 요즘엔 사람들이랑 대화하고 노는 게 더 재미있기 때문이다.

컴퓨터는 요가 동영상 볼 때나 작업할 때만 쓰고 게임은 전혀 안 하게 되었다.

진짜 인생은 모니터 밖에 있다는 걸 나는 알게 되었다.

그런데 한편으로는, 여기서 벗어나서 다시 본가로 들어가게 되면 내가 생각하고 느꼈던 것들을 잊어먹고 다시 은둔하게 될까 봐 아직은 솔직히 두렵다.

지금도 내 뜻과 달리 본가로 끌려가는 악몽을 자주 꾼다. 나는 지금과 달리 이전 상태로 되돌아 가는 게 솔직히 너무 무섭다. 이제야 비로소 나를 사랑하는 방법을 배우기 시작했기 때문이다.

나는 더 사랑받고 싶다. 예전보다 조금 더 나를 사랑하기 시작한 지금, 앞으로의 나는 더 많이 나로부터 사랑받았으면 좋겠다.

글, 그림/ 자스민
30대 은톨이
맨날 징징거리지만 할 일은 하려고 하는 사람
woopeggy0078@gmail.com

나는 언제나 자랑스러운 아들이었다

-서자(은둔 5년 경력자)

나는 언제나 자랑스러운 아들이었다. 공부도 잘하고 키도 크고 운동도 썩 나쁘지 않았다. 외골수적 기질이 있었지만 교우관계가 원만한 편이었다. 남들처럼 살았다면 좋은 대학교를 졸업하고 좋은 직장을 다니며 평범하면서도 자부심을 갖고 살았을지도 모른다. 그러나 나는 '평범함'이라는 이름의 지루하고 안정적인 축복을 누릴 수 있는 사람이 아니었던 것 같다.

일상의 무료함에서 탈출하기 위한 미국 유학

고등학교 1학년을 마치고 돌연 미국 유학을 강행했다. 우리 집은 부유한 편이 아니다. 오히려 가난한 편이라고 해야 맞다. 또 내가 특별히 유학을 예전부터 원했던 것도 아니고 영어를 아주 특별하게 잘하는 것도 아니었다.

그저 일상이 무료했다. 중학교 때 전교 10등 내외이던 성적은 마지막 학기에는 50등 정도까지 내려와 있었다. 어떤 사람은 50등도 잘한 거라고 생각하겠지만 내 입장에서 내 성적은 천천히 하향 곡선을 그리고 있었다. 어쩌면 내 자리를 찾아가는, 게으름과 총명함의 균형을 맞춰가는 과정을 견디지 못 한 것일지도 모르겠다. 또 어쩌면 공부를 잘한다는 자부심에 살았던 내가, 나보다 더 뛰어난 친구들이 많다는 것을 인정하지 못 하고 '일상의 무료함'이라는 문장으로 현실을 외면하고 싶었을지도 모른다.

미국은 9월부터 학기가 시작되기 때문에 여름방학 기간에 필리핀에서 3개월 어학연수를 했다. 필리핀은 영어를 미리 공부하기에 저렴하고 놀기도 좋은 곳이었다. 좋은 사람들을 만나고 영어도 많이 늘었다. 물론 한국 사람들과 많이 놀기도 했지만 영어 실력이 향상된 것은 사실이었다. 대학생 형, 누나들과 같이 여행도 떠나고 즐겁게 지냈다. 그렇게 어학연수가 끝나고 우리는 각자의 길을 위해 뿔뿔이 흩어졌다. 그후 나는 난생 처음 10시간 넘게 비행기를 타고 미국에 도착하게 되었다.

1년을 꿇고 미국에 10학년(원래는 11학년이 되었어야 한다)으로 입학했다. 한인교회의 목사님을 통해 유학을 가게 되었고 같은 학교에 한국 형, 친구들을 소개받아 지내게 되었다. 영어도 잘 못 하고 숫기가 없지만 그런대로 모범생처럼 지내게 되었다. 수학과 과학은 적당히 공부해도 성적이 잘 나왔고 다른 과목도 노력하면 적절하게 점수가 잘 나왔다. 그러나 11학년이 되기까지의 1년 동안 나는 특별하게 친한 친구를 만들지 못 했고 쉬웠던 과목들은 점점 어려워졌으며 학교생활의 흥미는 점점 떨어져갔다.

그러다가 11학년이 되면서 우울증세가 오기 시작했다. 아마 1년 동안 타지에서 베스트 프렌드라고 할만한 사람을 찾지 못 해서 그런 듯했다. 특별히 운동 등의 외부활동을 하지 않았고, AP 과목(미국에서는 같은 과목에서 심화반 개념의 AP 클래스가 있다)을 신청하려 했으나 너무 어려운 것 같아 그것도 포기하게 되었다. 또한 그렇게 쉬웠던 수학도 조금 어렵게 느껴졌다. 그리고 그때, 부모님이 이혼하게 되었다.

사실 부모님의 이혼은 내가 권했던 것이었다. 아빠가 엄마를 흉보고, 엄마가 아빠를 흉보는 것을 나는 중간에서 계속 들어왔고, 그 싸움이 지긋지긋해 차라리 이혼하기를 바랐다. 그래서 부모님이 이혼한다는 것을 기뻐해야 했지만, 그래도 부모님이 그냥 포기하는 것 같아 향수병이 더욱 커진 것 같다. 성적 하락과 원만하지 않은 교우관계, 우울증세, 홈스테이 부모와의 갈등, 막연하게 알고 있던 부유하지 않은 가정상황 등 다양한 요소들이 이유가 되어 한국에 돌아가고 싶다는 마음이 생기고 있었다.

결국 나는 부모님께 한국으로 돌아가고 싶다고 말했다. 어학연수도 아니고 고등학생으로 미국에 와서 1년 반, 애매하게 있다가 한국으로 돌아간다는 것이 나의 커리어에서 얼마나 큰 결정인지 이해하지 못 했다. 그 순간에는 한국으로 돌아가고 싶다는 열망만이 마음속에 항상 있었으며 어떠한 다른 합리적인 이유도 나의 생각을 고치지 못 했다.

내가 학교에서 모범생으로 지내고 성적이 좋았으며 선생님들 사이에서의 평가가 나쁘지 않았기 때문에 미국에서 나의 보호자로 있던 목사님께서는 극구 말리셨다. 내가 공부를 잘한다는 사실이 안타까우셨던 모양이다. 때로는 부드럽게 타이르고, 때로는 화를 내시며 나를 설득하려고 노력하셨다. 나처럼 교회를 통해 유학을 온 애들 중에는 날라리 같이 생활을 하는 학생들도 있었으니, 얌전히 공부만 하는 것처럼 보이는 내가 다시 한국으로 간다는 게 너무나 아쉬우셨던 모양이다.

실제로 목사님은 내가 한국으로 돌아가고 나서 몇 년 후까지도 지금이라도 늦지 않았으니 미국의 커뮤니티 컬리지(한국의 전문대 같은 대학교) 입학을 몇 번이나 권유하셨다. 어쨌든 처음에 미국유학을 강행할 만큼 고집이 셌던 나는 결국 다시 한국으로 돌아오게 되었다.

한국으로 돌아온 나는 결국 고등학교를 중퇴한 19세 중졸이었다. 그렇지만 이때라도 빠르게 검정고시를 취득하거나 고등학교를 2학년이나 3학년으로 입학했다면 내 인생에 큰 변화는 없었을지도 모른다. 어쨌든 남들과 비슷한 시기에 대학교를 가면 그때부터는 또 남들과 비슷한 인생을 살아가는 것일 테니까.

하지만 나는 우울증세 때문에 무언가를 하겠다는 마음이 없었고 집에서 게임을 하거나 미드, 애니메이션을 보며 시간을 보내게 되었다. 미국에서 겪었던 실패를 딛고 다시 공부나 취업 등으로 노력을 하기에는 너무나 무기력했다. 한 걸음만 떼면 되는데, 그 첫 걸음이 너무나도 무겁고 두려웠던 것 같다. 결국 남들이 수능을 보고 고3을 졸업할 때쯤 되어서야 검정고시를 취득하게 되었다.

검정고시를 취득한 이후에도 대학, 취직, 빠른 군 입대 등 그 어떠한 것도 하고 싶다는 생각이 들지 않았다. 검정고시 취득이 성공경험으로 느껴지지 않았으며 회복의 시작이나 반등하는 기회라고 생각되지도 않았다. 나는 애매하게 학교를 다니고 고졸 검정고시를 본 실패한 인생 같이 느껴졌다. 대학교의 새내기가 되어 캠퍼스 생활을 하는 나의 중학교 친구들과 비교하면 나의 삶은 멋지지 않았다. 그렇게 집에서 계속 시간을 보내다가 군 입대를 고민하게 되었다.

가장 도망치고 싶은 게 군대였지만 현실적으로는 도망칠 수도 없는 상황이었다. 이게 최선이라면 어떻게 하면 편한 군생활을 할 수 있을까를 고민했다. 배운 세 노릇질이라고 영어를 활용해서 좀 더 편하고 전역 후 무언가 남는 군생활을 하고 싶다는 생각이 들었다. 그러다 '카투사'라는, 미군 부대와 같이 생활하는 제도가 있다는 것을 알고 지원 조건인 토익을 공부해서 시험을 보았다. 나에게 토익은, 특히 리스닝은 어렵지 않아서 노력에 비해 고득점을 할 수 있었다. 나는 우월감을 느끼며 경쟁률이 가장 낮을 것 같은 내년 11월에 지원하고 1년을 기다렸다. 대학생들이 많이 지원하는 3월, 9월을 일부러 피해서 지원하여 1년의 시간을 허비하더라도 무조건 카투사를 갈 수 있게끔 최대한 확률을 높인 것이었다. 당연히 그 1년 동안도 특별한 것은 하지 않고 집에서 시간을 보냈다. 그러나 결과는 불합격이었고 그 다음 해에 자동적으로 날짜가 정해져 송부된 입영 영장을 받고 11월에 육군 일반병으로 입대를 하게 되었다. 나는 결국 입대를 1년 정도 더 늦게 한 셈이었다.

군 생활 중의 자살 기도와 그린캠프

외국물을 어설프게 먹고 온 나는 군 생활에 적응하지 못 했다. 막내가 해야 하는 의무들에 대한 불합리함을 느꼈고 선천적으로 왼쪽 무릎이 좋지 않아 행군 등 체력도 취약했다. 축구도 잘 못 했으며 담배도 피지 않았다. 여자, 술 등에 대해 재밌게 이야기할 수 있는 말빨도 없었으며 선후임들과 같이 평범한 중고등, 대학 생활을 하지도 않았다. 나는 군대와 완전히 상극인 사람이었다.

보병대대의 포병중대인 81mm박격포 주특기로 자대에 배치를 받게 되었다. 그때는 군생활이라는게 욕을 먹으면서 하는 것인지 몰랐다. 무능력함에 자괴감을 느끼고 자존감이 떨어지며 나중에는 내가 발전해야겠다는 생각보다 환경을 바꾸고 싶다는 생각이 들었다. 나는 컴퓨터를 잘 하는데 행정병이 되지 않아 군생활을 잘 못 하고 있다는 생각이 들었다. 정확히 어떻게 표현했는지는 기억이 나지 않지만 '발가락을 자르고 싶다'라는 말을 하여 대대장실에 부모님과 같이 면담을 하게 되었다. 크게 별 일 없이 넘어갔지만 그날 이후 나는 공식적으로 관심병사가 되었다. 그렇게 적응을 하지 못 하고 힘들어하다가 마음의 소리(예전에는 소원수리)함에 본부중대(전투보다는 보급, 행정, 통신, 취사 등 비전투 보직이 많다)를 가고 싶다고 쓰게 됐다. 정말 힘들었던 탓인지 그 당시 나와 한두 살 차이였을 20대 초반의 소대장이 본부중대에서 잘 하라고 안아주는데 펑펑 울고 말았다.

이후 나는 본부중대의 보급 행정병을 맡게 되었으며 나름대로 잘 지낼 수 있을 것만 같았다. 그러나 본부중대에서도 원만히 지내지 못 했고 특히 선임들과의 관계가 좋지 않았다. 그들은 내 마음의 상처를 잘 이해하지 못 했고 그들의 눈에 나는 편하게 군생활하려는 얌체처럼 보였을 것이다. 그렇게 생활하던 중에 내가 있던 1대대는 GOP 철책근무를 위해 대규모로 부대이동을 하게 되었고 나는 무릎 통증 및 정신적 문제로 인해 같이 가시 못 하고 GOP에서 돌아온 3대대에 편입되게 되었다.

3대대에서의 생활도 녹록치 않았다. 여러모로 힘들었던 나는 이 상황을 타개하기 위해 조직에 적응하거나 상담을 통해 극복하기보다는 현실을 회피하고 싶어했다. 부모님에게 다른 쉬운 보직으로 변경할 수 있는 방법이 없는지 닦달하기도 하고 자살 생각이 난다며 은근히 협박을 하기도 하였다. 어머니는 슬퍼하는 것 같았지만 아버지는 완고하였다. 남들 다 하는 군 생활, 나만 못 한다는 것이었다. 그때의 나는 너무나 약했다. 몇 개월 동안 그렇게 하소연과 고통의 시간들이 반복되고 부모님과의 갈등이 심화됐다. 어떠한 해결책도 찾지 못 한 나는 결국 전투화 끈으로 기계실 파이프에 목을 메게 되었다.

　이것을 기적이라 해야 될까? 목을 메었을 때 영화에서 보는 것처럼 필름이 휙휙 지나가면서도 목이 불로 타는 느낌이 났다. 아마 본능적으로 그 끈을 풀려고 했던 것 같다. 시간이 얼마나 지났는지는 모르지만 그런 꿈 같은 상황이 끝나고 현실로 돌아왔다. 나는 헉헉대면서 어느새 바닥으로 내려와 있었고 목에는 빨간 자국이 생겼다.

　나는 갑자기 엄청난 두려움에 휩싸였고 울면서 대대장실을 찾아갔다. 군대를 다녀온 사람은 알겠지만 군대의 명령체계는 분대장 – 소대장 – 중대장 – 대대장의 순서를 갖는다. 그러니까 회사로 치면 인턴이 갑자기 사장실의 문을 박차고 들어간 것과 비슷했다. 대대장님은 놀라기보다는 무슨 일인지 다정하게 물어보셨고 나는 울면서 상황을 설명하였다. 그때의 나는 무엇인가로부터 엄청난 두려움을 느끼고 있었다. 생명체로서 죽음에 대한 두려움을 확실하게 체감한 것 같다.

그 다음날 나는 나보다 한 살 아래인 훈련소 동기와 같이 생활을 하게 되었다. 그나마 가장 친한 그 친구가 나를 보살펴 주고 감시하도록 명령이 내려진 것 같았다. 그리고 어머니와 삼촌이 부대에 오셨다. 연병장에서 그 두 분이 걸어오는 모습은 아직도 잊혀지지 않는다. 어머니는 나를 만나자마자 울면서 말을 잇지 못 하셨던 것 같다. 아들을 잃을까 봐 두려웠던 건지, 아니면 내가 그냥 불쌍했는지 모르겠다. 그렇게 면회를 하고 어머니와 삼촌은 떠났다. 그리고 나는 '그린캠프'라고 하는, 관심병사들을 모아놓은 회복시설 개념의 부대로 전출을 가게 되었다.

그린캠프를 가보니 나는 아주 양호한 편이었다. 나는 일반적인 사람에 우울증세가 극단적으로 심해졌던 거라면, 실제로 자폐증세가 있는 친구들도 있었고 상식적인 수준에서도 이해가 안 가는 말과 행동을 하는 친구들도 있었다. 거기서 몇 달 생활하면서 나는 조금씩 회복해갔고 그들과 나를 비교하면서 나는 괜찮다며 자부심을 느끼기도 하였다. 거기에는 상태가 심각하여 의가사전역을 하는 친구들도 있었는데 그렇게 하고 싶어 연기를 하는 것도 없지 않아 있었던 것 같다. 그런 점에서 나는 굉장히 양호한 편이었다.

다시 부대로 돌아오게 되고 나는 이제 군대에서 일을 하지 않겠다고 선언하였다. 그게 싫으면 영창을 보내달라고 했다. 마음 착한 중대장님과 행정보급관님께서는 나를 그렇게 배려해 주셨다. 아마 내가 꾀병을 부리는 게 아니라 진짜로 힘들어 한다는 것이 증명되었으니 다른 병사들의 눈치가 보이더라도 나를 살려서 내보내는 게 최선이었을 것이다.

몸이 여유가 생기니 마음에도 여유가 생겼다. 후임들에게도 적당히 잘해 주고 내가 할 수 있는 배려는 해주려고 노력했다. 그들도 나의 아픔을 아는 것인지, 무시하지 않고 내가 어느 정도 노력하는 것을 이해해 주었던 듯하다. 결론적으로 후임들과 그럭저럭 잘 지내긴 했으나 축하받는 전역을 하지는 못 하고 군 생활을 마치게 되었다.

실패와 중단을 넘어 ―학점은행, 대학원, 그리고 취업전쟁

전역을 하고 나서도 나는 내 길을 찾지 못 했다. 취업준비를 하는 것도 아니고 대학을 준비하는 것도 아니었다. 24살, 무엇이든 할 수 있는 나이였다. 군대도 갔다 왔겠다, 대학을 가도 되고 취업을 해서 지금부터 경력을 시작해도 할 수 있는 나이였다.

그런데 나는 그동안 배운 것이 없었다. 남들보다 불리한 상황에서 커리어를 시작한다는 것 자체를 받아들이지 못 했다. 사실 그것들은 모두 다 나의 선택이었지만, 인생이라는 게임에서 불리하게 시작하여 승리자가 되지 못 하는 것을 두려워했다. 인생이라는 게임 자체를 거부했던 것이다. 불리한 현실을 인정하고 노력했으면 극복했을지도 모르지만 그렇게 하지 못 했다. 완벽주의 성향이 늦은 출발보다 출발하지 않는 것을 선택하게 만들었다. 우울증세가 심해지고 부모님 탓을 하며 집에서 나오지 않았다.

나는 그 와중에 갑자기 또 일본 유학을 가겠다고 서울에 월세 자취방을 얻었다. 또 다른 회피의 시작이었다. 그때 당시 어머니가 힘들게 번 월급의 대부분이 내 자취방의 월세로 지출됐을 것이다. 다행인 것은 내가 술을 좋아하지 않아 순수하게 월세와 식비로만 거의 지출이 되었다. 일본어 학원을 다니다가 그것도 중간에 포기하게 되어 나는 또 실패 경험을 누적하게 되었다.

그렇게 반복되던 집콕생활 중 인터넷에서 우연히 '취업성공패키지'라는 정부지원사업을 보게 되었다. 어떤 분야로 나가야 될지 몰랐던 나는 이 사업에 참여하게 되면서 좋은 친구를 만났고 회계학원을 다녀 자격증도 취득하였다. 그렇게 어렵게, 오랜만에 굴러간 톱니바퀴가 계속 굴러가면 좋았을 것을, 최저임금에 준하게 받으며 회계사, 세무사 사무실에서 일하면서 경력 쌓는 것을 받아들이지 못 했다. 그리고 그런 일자리는 보통 어린 여성을 선호하였다. 그렇게 또 실패 경험을 하게 되었다.

27살 무렵, 나는 드디어 무언가를 해야겠다고 느꼈다. 뭐든 좋으니까 뭐를 해야겠다고 생각했다. 나는 고졸이었다. 무언가 아쉽다고 느껴졌다. 공부를 잘하던 편이었다 보니 대학 수준의 공부를 더 하고 싶다는 생각이 들었다. 하지만 이제 대학을 들어가면 31살에 졸업하게 된다. 너무 늦었다고 생각했다. 그래서 나는 학점은행제라는 사이버교육과정을 통해 2년 정도 만에 학사를 취득하게 되었다. 빠르게 졸업하기 위해 2개의 국가공인자격증을 취득하고 11개 과목의 시험을 보았다. 취업이 안 되어 멈췄던 톱니바퀴가 조금씩 다시 돌아가고 있었다.

사회복지를 전공하여 사회복지사 2급을 따고 시험을 봐서 1급도 땄다. 취업도 적당히 노력하면 될 줄 알았다. 하지만 나는 다른 사람이 정규대학을 나올 동안, 사이버로 공부를 한 나이 많은 구직자였다. 평범하게는 경쟁이 되지 않았다. 자기소개서라도 잘 썼으면 모르는데 그렇지도 않았던 것 같다. 취직이 쉽게 될 리가 없었다. 나는 또 다시 좌절을 맛보게 되었다.

그러던 중 이력서를 넣은 한 곳에서 어렵사리 연락이 왔고 나의 열정을 높이 사, 취직이 되었다. 최저임금에 계약직이었지만 나는 크게 개의치 않았던 것 같다. 그렇다고 또 마냥 기쁘지도 않은, 반복되는 좌절 중 잠깐 휴식을 취하는 기간처럼 느껴졌던 것 같다. 취직의 어려움과는 별개로 3월에 학사졸업 및 사회복지사 1급 자격을 취득하면서 야간 대학원을 등록하게 되었다. 좀더 공부를 하고 싶다고 생각했고 대학원이라는 곳이 궁금하였다. 돈은 많이 들겠지만 나는 공부를 이어나가고 싶었다. 취직한 직장에서도 대학원을 다닐 수 있도록 배려해 주었다.

못된 버릇이 생겼던 것인지 그 직장도 몇 달 다니다 그만두게 되었다. 여러 핑계가 있었지만 지금 생각해 보면 실제로 사회생활을 거의 처음 하는 수준이니 상사들의 질책을 견디지 못 했던 것 같다. 그들에게도 문제가 있었겠지만 주요 문제는 나의 인내력이었다. 이후 친척의 회사에서 6개월 정도 일하고 사업이 잘 되지 않아 그곳도 그만두게 되었다.

나는 계속 실패와 중단을 반복해 오고 있었다. 그냥 남들처럼 생각하고 살면 되는데 자꾸 이상한 길로 샜다. 우직하게 버티지 못하고 중간에 그만두는 일이 많았다. 그것이 습관처럼 몸에 익숙해지고 합리화하는 것이 편안해지고 있었다.

하지만 대학원에서의 나는 달랐다. 나는 내세울 게 없었지만 학생으로서는 뛰어난 편이었던 것이다. 논문을 읽고 발표를 하고 나의 의견을 이야기했다. 학우들을 도와주고 친구가 되었다. 나는 인기인이었으며 내가 쓸모 있다고 느꼈다. 회사에서 그만두었을 때도 나를 자기가 아는 곳에 소개해 주려고 하는 몇몇 고마운 분들이 계셨다. 나는 회복되어 가고 있었다.

친척의 회사에서 그만두고 6개월 후 공부하고 있는 분야의 한 작은 기업에 소개를 통해 들어가게 되었다. 경력은 부족했지만 나의 열정과 기업가적 사고방식을 대표님이 마음에 들어했다. 결국 그곳도 6개월 일하고 그만두었지만 애초에 6개월 계약이라 나는 일을 완수한 것이며 같이 일했던 직원들은 나를 아주 높이 평가하고 지금까지도 만남을 이어오고 있다. 일했던 직원들과 최근까지 만남을 가졌을 때, 나 이후로도 사람이 많이 바뀌고 내 업적(?)에 대해 계속 언급되는 것을 보면 내가 일을 곧잘 했던 듯하다. 그렇게 2020년이 되고 나는 집 근처에 내 커리어를 잘 살릴 수 있는 회사에 입사하게 되었다.

자살보다 더 힘든 일이 무엇인가!

나는 자살기도를 한 사람이다. 나는 집에서 보낸 기간이 5년이 넘었다. 내 나이 또래와 비교하면 경쟁력이 부족하고 정신건강이 좋지 않은 실패한 사람일지도 모른다. 대학원을 기점으로 나는 내가 그런 상황인 것을 인정하고 어떻게 하면 이 삶이라는 게임에서 역전승을 거둘 수 있는지 고민하게 되었다.

경력 같은 스펙이 부족하다면, 모아둔 돈이 없다면 어떻게 살아야 할까? 스펙을 뛰어넘는 매력적인 자기소개서, 돈을 아낄 수 있는 여러 지원정책들을 검색할 수 있는 정보력, 아픔을 겪어 보았기 때문에 사람들을 폭넓게 이해할 수 있는 상담자의 자질. 결국 내가 잘하는 것은 합리화이니 내 단점이라 여겨지는 것들을 장점으로 활용할 수 있는 카드로 합리화시키는 게 내 전략이다.

나는 지금도 내가 우울증세에서 완전히 벗어났다고 이야기하지 않는다. 한 번 깊게 빠져본 사람은 그 깊은 곳에 언제든 다시 갈 수 있다고 생각한다. 하지만 지금의 나는 그 깊은 구덩이를 아련하게 쳐다본다. 아프고 약했던 그때의 나를 안타깝게 여기고 사랑하려고 노력한다. 그때의 아픔이 내가 40대가 되고 50대가 되었을 때 혹은 나의 아이가 우울증세에 시달릴 때 큰 힘이 되리라고, 남들과 비교해서 초라한 나의 모습은 더욱 아프고 초라했던 예전의 내가 우뚝 성장한 모습이라는 것을 믿는다. 이제는 그 어떤 아픔도 극복할 수 있을 것이다. 자살 시도도 해본 사람인데, 그것보다 더 힘든 일이 도대체 무엇이란 말인가?

버텨 주세요, 믿어 주세요, 마음의 문이 열릴 때까지

은둔형 외톨이들의 부모님들은 마음이 아프고 조급할 것이다. 남들처럼 학교 가야 되는데, 남들처럼 밖에서 활동해야 되는데….

자녀들은 너무 아프다. 남들이 쉽게 하는 그것들이 너무나 어렵다. 등교라는 큰 목표를 위해서 방 안에서 나가보기, 엄마와 이야기하기 같은 작은 성공을 먼저 필요로 한다.

왜냐하면 우리는 실패 투성이이기 때문이다. 10대, 20대의 청(소)년들은 무한한 잠재력을 가지고 있다고 생각하지만 당사자는 다르다. 또래들과 비교하여 인생을 실패했다고 느낄 수 있다. 나만 봐도 얼마나 많은 중도포기와 실패가 있었는지 모른다. 그것이 설령 나의 선택이었을지라도 결과는 실패다. 실패를 성공으로 치환하는 법, 경험으로 활용하는 법을 익히기 위해서는 성공의 경험이 절실히 필요하다.

내가 전문가는 아니다. 쉽사리 해결책을 줄 수 없을 것이며 나의 이야기들이 도움이 되지 않을 수도 있다. 나도 이랬다고 이야기하고 싶지 않다. 나도 할 수 있으니 너도 할 수 있다고는 더더욱 이야기하고 싶지 않다. 단, 포기는 하지 말아달라고 말하고 싶다.

지금 아파하는 부모님들의 자녀들 중 단 한 명도 포기한 사람은 없다. 자살을 하는 순간에도 포기가 되지 않는다. 방 안에서 나오지 않는 긴 시간들은 하나의 표현이며 노력이다. 그들은 분명 스스로 자살을 하거나 밥 먹는 것을 포기할 수 있지만 계속 생존해 나간다. 미세하게 움직이고 있다. 결과로는 보이지 않겠지만 본인도 노력하고 있다. 고민을 안 하면서도 고민을 한다. 방법을 찾지 않으면서도 방법을 열심히 찾는다. 그리고 자녀들은 마음 깊숙한 곳에서 부모님들을 사랑하고 사랑받고 싶어한다.

당사자 뿐만 아니라 우리 부모님들도 정말 힘들 것이며 포기하고 싶을지도 모른다. 나의 부모님도 내가 모르는 곳에서 쏟은 눈물이 몇 리터가 될지는 모른다. 우리 어머니는 신앙인이라 아들을 믿고 기도했다고 한다. 나에게 잔소리를 하기보다는 조용히 고통을 견뎠다고 봐야 될 것이다. 내가 내 힘으로 일어나기를 믿고 일으켜주고 싶은 욕구를 참으면서 기다리셨다. 아마 정말 힘들었을 것이다.

그래도 조금만 더 노력해주시길 바란다. 아이의 마음속 깊은 곳에 어머님, 아버님들의 따뜻함이 닿을 때까지 조금만 더 힘들어 주시길 바란다. 아이의 마음의 문을 여는 것이 정말 힘이 들겠지만 그래도 버텨 주시길 바란다. 그렇게 버틴 시간들과 노력이 나중에 아이가 더 건강해지는 자양분이 된다고 믿어주시길 바란다. 조금 늦더라도 꼭 다시 일어나서 삶에 감사하고 건강한 마음으로 살 수 있는 아들과 딸이 되길 바라며 하루하루 힘내 주시기를 바란다.

누가 뭐래도 아이는 우리 부모님들에게 어느 사람보다 값진 존재이며 자랑임을 기억해 주시고 사랑해 주시길 바란다.

내가 언제나 우리 어머니 아버지의 자랑스러운 아들인 것처럼.

서자
은둔형 외톨이 경험을 통해 마음이 넓고 더 큰 사람이 되었다고 생각합니다.
불리함을 극복하는 전략가로 살고 싶어하며 Game Changer라는 말을 좋아합니다.
사회복지를 전공하고 사회적 경제를 만나 현재는 사회적 경제기업을 지원하는 직무의 공무원으로 일하고 있습니다.
지역에서 청년활동을 하며 공동체, 도시재생에 대해 공부하고 관심을 가지고 활동하고 있습니다.
군대는 지금 다시 가면 잘 할 수 있을 것 같습니다.
prim616@naver.com

도와 주셔서 고마워요,
이젠 제가 도와 드릴게요
- 도라 (몽상가, 사회적 기업 K2 스태프)

눈앞이 무너지는, 지진보다 더 심한…

내 눈앞이 흔들렸다. 일본에서는 흔하게 있는 지진인데도 사람들이 동요하기 시작했고, 아르바이트를 하던 곳은 순식간에 아수라장이 되었다.

2011년 3년 11일. 동일본대지진이 있던 날이다.

나는 평범을 넘은, 평범하고 조용하고 말이 없던, 하지만 친해지면 모든 것을 퍼다 주는 성격의 소유자로 중국어를 전공하던 4년 동안에는 취업에 대해 아무런 생각이 없었던 철부지였다.

〈내 이름은 김삼순〉이라는 드라마를 보고 제과제빵에 흥미를 붙였고 취미로 만들기를 하다가, 졸업 전 즈음에 일본 워킹홀리데

이를 가서 제과제빵요리 전문학교에 다니겠다는 큰 포부를 가지고 공장 알바를 전전하며 돈을 모아 그렇게 일본으로 떠났다. 그렇게 일본에서 새벽 아르바이트를 힘든지도 모르고 다니다가 지진을 만난 것이다.

모든 계획이 틀어졌다. 처음엔 돌아갈 생각이 없었다. 안 될 운명이었는지 집에서마저 연락이 왔다.

'아버지가 죽을 고비를 넘기고 있으니, 그냥 접고 들어와라.'

나는 한국으로 돌아오는 비행기에서 오열을 할 줄 알았는데 생각보다는 그저 그랬다.

그런데 그저 그랬던 것이 아니었다. 원하던 것을 이루지 못 하고 돌아온 찝찝함. 그리고 간절하던 것이 사라졌을 때의 절망감, 원래 중풍이라는 지병을 가지고 계시던 아버지의 또 무너짐. 이 모든 것이 겹쳐지면서 나는 어두워졌다. 그 흔한 스펙도 쌓지 않았다. 좋은 이름의 학교를 나온 것도 아니다. 그리고 그후는 어떻게 해야 할지 몰랐다. 아무것도 몰랐다. 물어볼 수도 없었다. 주위에는 나보다 한참을 나아간 친구들, 나를 향해 수군거리는 것 같은 친척들, 언니들, 오빠들, 동생들. 그리고 나를 위해 주면 줄수록 숨이 막히는 부모님이 있었다.

일이 힘든 게 아니라 사람이 더 힘들더라

처음부터 대기업은 꿈에도 꿀 수 없으니 소기업을 전전했다. 그런 곳은 취업이 오히려 잘 된다. 고 스펙의 사람들이 오히려 퇴짜를 맞는다. 소기업은 연봉이 작다. 그래도 다녔다. 높은 곳을 바라보기에는 내 시선의 위치가 너무나 낮았다.

이상하게 사람들과 항상 부딪혔다. 내 바로 위의 상사와 문제가 생겼다. 나는 시킨 대로 일을 하고 있었는데, 알려 주지도 않은 일을 시키고, 내가 해야 할 일이 아닌 것을 시키고, 무조건 나를 닦달했다. 나는 그것이 이해가 가지 않았다. 지금에서야 생각해 보면, 그것이 사회생활이었던 것이었나 싶다.

물론, 제과제빵을 하고 싶었기에 관련 일도 해봤다. 그런데 제조 파트가 아닌 사무직이었다. 왜 제조를 택하지 않았을까는 지금도 의문이다. 무엇인가 해야 하는 것을 아는데도 불구하고 나 스스로를 괴롭히듯이 길을 멀리 돌아가고 있었다.

어디서나 일은 그럭저럭 할 만했지만, 역시나 사람(상사)과 맞지 않았다. 재미가 없어졌다. 살기도 싫어졌다.

나는 나를 미워하기 시작했다

나는 나를 철저하게 미워하기 시작했다. 왜 그때 고집을 부렸을까, 왜 그때 제대로 공부하지 않았을까, 왜 지금도 제대로 살고 있지 않을까, 왜 엄마한테 미안함만 줬을까, 나는 왜 아직까지 살고 있는 걸까. 도대체 왜.

열심히 살아가고 싶어도 갑작스러운 사고를 당한 사람들에게마저 미안했다. 그들을 살리고 차라리 나를 데려가시지 하늘은 참 무심하시다라고 생각했다.

그럴 때는 모든 불행이 나에게 쏟아져 내리는 것 같은 느낌이 든다. 비가 오는 도로가에서 그냥 안쪽으로 피해 걸었으면 되었을 것을 버스가 물웅덩이를 쳐서 내가 그 물을 맞게 되면 그날 하루 종일 '내가 하는 일이 그렇다'며 펑펑 울었다. 그 정도로 쓸모없는 생각만 했다.

집에 이야기도 하지 않고 일을 그만두고는 집 밖을 안 나가기 시작했다, 처음 며칠, 일주일, 한 달은 쉽게 갔다. 할 것은 애니메이션 보기, 커뮤니티, 게임이다.

하루의 일과는 다른 사람들이 보기에 시시하고 한숨이 나올 정도지만, 그 당시에는 현실을 부정하기 위해 몰입해 있었다. 일본

애니메이션을 보고, 게임을 하고 하루 종일 비공개 커뮤니티에서 산다.

내 세상을 살지 않고 인터넷 세상에서 살아간다. 너무 편하다. 현실에서는 내가 벗고 있어도, 가난해도, 백수라도, 그곳에서는 다 똑같은, 그냥 모니터 속 사람들이기 때문이다.

그러다 낄낄대며 웃다가도 문득 고개를 들어 밝아오는 창문을 바라보면 또 숨이 막혀오고 한숨을 쉬기 시작한다. 곧 부엌에서 아침을 짓는 소리가 들리고 나는 무표정한 얼굴을 하다가 침대로 들어간다. 밤을 샜기 때문에 잠도 온다. 그렇게 잠을 청한다.

일어나 보면 빠르면 11시 늦으면 3시가 된다. 어머니는 몇 달 동안 밖에도 나가지 않는 나에게 집안일이라도 하라며 설거지를 안 하고 그냥 일하러 나가신다. 그것들을 정리하고, 세탁기에 빨래가 있으면 괜히 빨래도 하고, 저녁도 기분이 내키면 해놓는다. 그러면 가족이 퇴근할 시간이다.

다시, 방으로 들어간다.

심리 상담과 책을 통해 탈출을 시도하다

하루는 인터넷에서 봤던, 심리상담을 받고 왔다는 글이 눈에 띄어 유심히 보았다. 조금 솔깃해서 가격을 물어봤는데 1시간에 10만원이라고 한다. 백수에게는 저렴하지 않은 금액이었다. 그래도 자꾸 가보고 싶었다. 누군가와 이야기를 하고 싶었던 걸까. 마침 봤던 그 글이 나에게 와 닿았던 걸까.

사람이 생각하지 않아야 하는 일에(예를 들어 세수, 샤워, 빨래, 설거지 등) 생각을 하기 시작했을 때, 우울증이 온 것일지도 모른다는 글도 보았다. 자꾸 하나 둘씩, 그런 글들이 들어왔다. 나는 그래서 궁금해졌다.

내가 단순히 게으른 것인지, 우울한 것인지.

무작정 괜찮아 보이는 심리상담소를 찾아 전화를 걸어 예약을 했다. 두려움 반 기대 반으로 가서 자리에 앉아 상담사에게 이야기도 막상 잘 했는데 60분이 되자마자 정확히 말을 끊고 또 필요하면 찾아달라는 상냥함과는 달리, 무언가 모를 허무감이 밀려왔다. 10만원에 60분을 산 기분이었다. 그 당시 더 이야기를 나누고 싶고 의존하고 싶었던 내 기분상 그랬던 것일지도 모른다.

상담을 다녀와서도 비슷한 상담내용 후기들을 찾아보거나, 심리상담 관련 책을 찾아보기 시작했다. 관련 논문도 찾아보았다. 생각보다 무기력은 누구에게나 찾아오고 우울증은 감기 같은 녀석이었다. 나보다 훨씬 멀쩡하고 잘나가던 사람들도 한숨에 삼키어져 버렸다. 우울증이라는 어둠은 그렇게나 무서운 녀석이었다.

　인터넷의 자료는 한계가 있었다. 제일 돈도 들지 않고 내가 원하는 것을 얻을 수 있는 장소는 도서관이었다. 그래서 나는 하루에 한 번은 밖으로 나가자고 약속을 했고 그곳은 도서관이었다. 외출도 목적있게 할 수 있고 책도 읽을 수 있으니 나에게 일석이조였

번호	이름	등록번호	자료명	대출일 / 반납예정일	반납일 / 반납상태	소장기관
32	▓▓	EM0000105720	문제는 저항력이다 : 무기력보다 더 강력한 인생 장벽	2017-05-10 2017-05-24	2017-05-17 정상반납	▓▓
31	▓▓	EM0000089656	나도 가끔은 내가 누군지 궁금하다 : 나를 찾아 떠나는 마음 여행	2017-05-10 2017-05-24	2017-05-17 정상반납	▓▓
30	▓▓	EM0000063126	회복탄력성 = Resilience : 시련을 행운으로 바꾸는 유쾌한 비밀	2017-04-28 2017-05-12	2017-05-10 정상반납	▓▓
29	▓▓	EM0000068201	화해 : 내 안의 아이 치유하기	2017-04-28 2017-05-12	2017-05-10 정상반납	▓▓
28	▓▓	EM0000060730	나는 누구인가? 나는 무엇인가?	2017-04-28 2017-05-12	2017-05-10 정상반납	▓▓
27	▓▓	EM0000092586	나도 일러스트레이터가 될 수 있다	2017-04-20 2017-05-04	2017-04-26 정상반납	▓▓
26	▓▓	EM0000091536	한 번은 독해져라 : 흔들리는 직장인을 위한 김진애의 인생 10강	2017-04-06 2017-04-20	2017-04-13 정상반납	▓▓
25	▓▓	EM0000095460	(작아도 크게 버는) 동네 가게의 비밀 : 정부지원 창업자금 제대로 타먹는 법! = (The) secret of small store start-up	2017-04-06 2017-04-20	2017-04-20 정상반납	▓▓
24	▓▓	EM0000004686	(빵굽터 CEO 김서중의)베이커리 창업성공하기	2017-04-06 2017-04-20	2017-04-20 정상반납	▓▓
23	▓▓	EM0000042362	(가발공장에서 하버드까지)나는 희망의 증거가 되고 싶다 : 서진규 자전 에세이	2017-04-06 2017-04-20	2017-04-20 정상반납	▓▓
22	▓▓	EM0000008610	한낮의 우울 : 내면의 어두운 그림자 우울에 관한 모든 것	2017-03-18 2017-04-01	2017-04-03 연체반납	▓▓
21	▓▓	EM0000098973	너는 나에게 상처를 줄 수 없다 : 누구를 사랑하든, 누구와 일하든 당당하게 살고 싶은 나를 위한 심리학. 2	2017-03-14 2017-03-28	2017-03-16 정상반납	▓▓
20	▓▓	EM0000099661	태도에 관하여 : 나를 살아가게 하는 가치들	2017-03-08 2017-03-22	2017-03-14 정상반납	▓▓
19	▓▓	EM0000059655	몰입 : 미치도록 행복한 나를 만난다	2017-03-04 2017-03-18	2017-03-14 정상반납	▓▓
18	▓▓	EM0000044512	건투를 빈다 : 김어준의 정면돌파 인생매뉴얼	2017-03-04 2017-05-18	2017-03-08 정상반납	▓▓

다. 그곳에 가서 머리에 들어오지 않을 때는 일부러 모든 책의 내용을 옮겨 적는 필사도 했다. 책 속에는 또 그에 관련된 책을 많이 소개해 준다. 책이라고는 인생에 없던 나였는데 그렇게 꼬리에 꼬리를 물어 놀라울 만큼 책을 찾아보게 되었다.

뭐든 매일 실천할수록 강화됩니다. — '마음챙김' 중에서

도서관에서 한 발자국 집 밖으로 나올 수 있었다면, 한편으로 일을 다시 할 수 있게 된 계기는 가족 모두가 다른 지역으로 이사를 하게 되면서 새로운 환경에서의 시작이 이어졌기 때문이다.

물론, 그때도 여전히 일을 하는 것은 무서웠다. 인간관계로 금방 일을 그만두게 되는 것이 아닐까 두려워했던 것 같다. 그래서 일부러 계약직을 많이 찾아봤던 것 같다. 평범한 다른 곳들도 면접은 봤지만 결국 무서워서 합격통보 전화를 받는 일은 할 수 없었다. 마지막으로 면접을 봤던 곳에 저장해 놓았던 전화번호가 화면에 떴다. 하지만, 나는 그 화면을 멍하니 바라볼 수 밖에 없었다. 진동이 멈출 때까지 전화를 받지 못 하고 한참을 울다가 그래도 이렇게 피할 수만은 없다는 생각에 마음을 가다듬고 다시 전화를 했다. 2년 기한의 일반사무 계약직 자리였다.

사실은 면접을 보러 갈 때도 힘이 들었지만 합격은 안 될 거라 생각했는데 운이 좋게도 일을 할 수 있게 되었다. 일을 하면서도 살던 지역에서 상담을 잘 해준다고 하는 정신의학과를 찾아가 (당시 잠을 잘 수 없었기 때문에) 우울증 약을 복용하면서 천천히, 천천히 그날의 실수와 되풀이하기 싫은 것들을 메모해 나가면서 고치려 애쓰는 등의 노력을 하기 시작했다. 잠을 자는 것은 약의 힘으로 잘 잘 수 있었지만, 한때 부작용으로 계속 아침에 멍하거나 했기 때문에 바로바로 상태가 좋아지는 것은 아니었지만, 의사 선생님이 권해주신 대로 6개월에서 1년은 약을 복용하는 것이 좋다고 하여 큰 기대를 하지 말고 그저 하루하루를 잘 버텨 나가려고 열심히도 아닌, 그냥 생활을 했다.

지금도 마음 한 구석에서는 언제든지 다시 그런 상태로 돌아갈 수 있을지 않을까 하다가도, 이전 메모해 놓았던 것이나 책에서 필사했던 문구들을 보면서 이겨낼 수 있도록 매일이 연습이라고 생각하고 살아가고 있다.

도움을 받는 사람에서 남을 도와주는 사람으로 성장하고 싶다.

그렇게 2년의 계약직이 무사히 끝나려고 하던 무렵, 상담으로 갔던 단체에서 지속적으로 일할 수 있는 기회를 얻게 되었다. 그곳은 사회적으로 고립된 사람들을 돕기 위한 단체로, 한국에서는 쉽게 찾기 힘든 곳이었다. '은둔형 외톨이'와 '히키코모리'를 키워드로 걸고 자립을 지원하는 '기숙형'의 일반 주택에서 실제로 힘들고 고민이 많은 청년들이 함께 모여 지내는 곳이었다. 그곳에서 나도 24시간 그들과 함께 지내게 된 것이다.

거기서의 일상은 일반적으로 다르지 않고, 규칙도 딱히 없지만 단 하나, 아침 7시 30분에 다 같이 일어나 함께 아침밥을 먹는다. 물론, 아침 당번도 2~3명씩 정해져 있고 아침 당번이 있는 날에는 6시에 일어나서 밥도 해야 한다. 처음에는 그것이 적응이 되지 않아 힘들었다. 오랫동안 밤낮이 바뀌어 있던 친구들은 아마 더 힘들었을 것이다. 알람을 놓치고 늦잠을 자는 친구들도 있었다. 그럴 땐, 급하게나마 일찍 일어난 친구들이 도와서 아침식사를 차린다. 밥을 먹고 나서는 주제를 정해 사설을 읽은 후 이야기를 나누거나, 일정에 대해 이야기한다.

그후는 일정이 있는 사람은 일정을 소화하고, 나머지는 자유시간이다. 집이 아닌 곳에서 긴장이 된 상태로 지내다 보면 여러 일들이 생긴다. 좋은 일일 수도 있고 나쁜 일일 수도 있다. 대개 안 좋은 일은 밤에 일어난다. 그렇다고 위험한 사건 사고는 아니지만, 서로 얼굴도 모르고 지내던 사람들 갑자기 열댓 명이 모여 살다보면 부딪힐 수 밖에 없는 일이다.

아무 일정이 없는 친구들은 자연스럽게 자유시간이 되어서 어떻게 보면 집에서 있는 것과 별반 다르지 않다고 생각하겠지만, 지나고 보면 다르다는 것을 느낄 수 있다. 그래도 아침에 일어나 다 같이 밥을 먹고 한 마디를 나누더라도 나눌 수 있기 때문이다.

아무리 좋은 외제차라 할지라도 가솔린이나 전기, 즉 연료가 없으면 무용지물이듯이, 그곳에 모인 친구들은 연료가 없는 상태의 친구들이기 때문에 '아무 것도 할 수 없는 상태'라고 생각한다. 각자 모인 이유도 제각각이며 생각, 사고, 모든 것이 다르다. 나는 그곳에서 세상에는 참으로 다양한 사람들이 있구나 하는 것을 몸소 체험하게 되었다. 나만의 생각보다 함께 맞춰 살아야 하는 것이 '사회'였던 것이 당연하지만, 생각보다 그곳에 모인 친구들은 제각각 고집이 세다. 아마 오랫동안 혼자만의 시간을 많이 가지기에 그렇지 않나 생각한다. 이렇게 생각하는 것도 어쩌면 나만의 생각일 수도 있다.

그래서, 우리들은 일단 무엇이 문제인지 생각하는 것부터가 시작이라고 생각한다. 물론, 일을 할 수 있는 단계의 친구들도 있지만, 사신이 무엇을 해야 하는지, 어떤 일에 관심이 있는지 모르는 사람들이 대부분이다.

친구들에게 "네 꿈은 뭐니?"라고 묻거나 "네가 좋아하는(혹은 하고 싶은) 일은 무엇이니?" 했을 때 쉽게 대답할 수 있는 사람은 그리 많지 않다고 생각한다. 이건 꼭 은둔형 외톨이들뿐만 아니라 현 시대를 살아가는 모든 이들에게 영원한 숙제가 아닐까?

그런 친구들을 보면서 '직업상담사'에 대한 관심을 가지기 시작했다. 오히려 친구들의 고민 덕분에 내가 하고자 하는 일을 하나 찾아낸 것이다.

사실 생활을 하면서 참 힘든 부분이었다. 이전까지 심리나 상담에 대해 공부를 해 본 적이 없던 나는 어쩌면 고립을 지속하고 있는 당사자이지만, 또 다른 당사자들을 이해할 수 없을 때가 많았기 때문이다. 고립된 기간도 각자의 사연이 다 있기 때문에 내가 이해할 수 없는 깊은 부분들을 헤아려주지 못 해 미안했던 적도, 할 수 있는데 따라주지 않아 화를 낸 적도 있었다. 지금은 그것이 후회된다. 조금만 더 그들의 입장에서 설 수 있었다면 좋았을 텐데 말이다.

그런 그들의 이해할 수 없는 부분도 이해할 수 있도록 공부해 나가고 싶다고 생각했다. 더더욱 '심리학'이나 '청소년지도사' 같은 것에도 관심이 가기 시작했다. 공부란 역시 끝이 없는 여정인 것 같다.

그래서 나는 앞으로도 계속해서 희망이라는 거창한 것보다는 힘들어하는 친구 옆에서 함께 말이라도 건넬 수 있는 길을 찾아나갈 예정이다. 단 한 사람이라도 나와 같은 비슷한 경험을 한 친구들에게 도움이 될 수 있다면 기쁠 것 같다.

도라
현실도 이상적이었으면 하는 몽상가,
게을러서 울면서 일하는 한량
missu486@naver.com

세상에 나온 외톨이
- 40대 아줌마의 회고

-돌솥비빔밥(40대 주부, 꿈나무를 키우는 꿈나무)

0. 소개

저는 20대 중반에 2년 반 동안 집에만 있다가 29살에 세상 속으로 돌아왔습니다. 좌충우돌하며 세상에 적응해 가다 보니 어느새 마흔이 되었어요. 그동안 상처 받고 아프기도 했지만 그래도 방에서 나오길 잘했다고 생각합니다.

'은둔형 외톨이'나 'NEET' 같은 말은 나중에야 알게 되었습니다. 그 당시에 알았다면 내 문제를 좀 더 명료하게 정의 내리고 해결책을 찾을 수 있지 않았을까 하는 생각이 듭니다.

저보다 더 오랫동안 은둔생활을 하거나 더 어려운 상황에 처한 분들이 있다는 것을 알고 있습니다. 그래서 망설였지만 제 경험이 누군가에게 도움이 될지도 모른다고 믿고 제 경험을 공유하려 합니다.

1. 은둔의 시작

저는 대학에 가면서부터 진로 문제로 힘들었고 우울증이 있었습니다. 그러다가 26살 여름 어느 날 시체처럼 침대에 누워만 있기 시작했어요. 어머니께서 저를 병원에 데려가셨고 의사가 하는 말을 하나도 못 알아들을 정도로 상태가 안 좋았습니다. 그때부터 집에만 있기 시작했습니다.

2. 치료

종합병원 신경정신과에서 약물치료를 받았습니다. 항우울제 항불안제 약이었던 것 같아요. 그 당시에는 내가 무슨 약을 먹는지 알아보지도 않고 기계처럼 약을 먹었어요. 증상이 어느 정도 호전되었으니 약물치료 효과가 어느 정도 있었던 것 같아요.

혹시 약물치료를 받게 된다면 어떤 약을 얼마 동안 복용했는지를 꼭 기록해 두세요. 본인이 하기 어려우면 가족분이 해주세요. 왜냐하면 (1)내가 어떤 약에 어떻게 얼마나 반응하는지 스스로를 관찰할 수 있고, (2)우울증 같은 정서장애가 재발할 때 과거 치료

기록이 도움이 되기 때문입니다.

당시 종합병원에서의 상담은 증상에 대해 5분 정도 얘기한 게 다였습니다. 그때로 돌아간다면 심리상담사와의 상담을 병행하거나 상담도 잘 해주는 개인병원에 다녔을 거에요. 약물 치료는 증상을 완화해 주지만 근본적인 문제 해결을 해주지는 않으니까요.

3. TV와 라디오

방에서 멍하니 있다가 거실에 아무도 없을 때 TV를 보기 시작했어요. 처음에는 TV에 나오는 사람들이 무슨 말을 하는지 하나도 못 알아들었어요. 제가 모르는 외국어로 말하는 것 같았어요. 그런데 어느 순간부터 조금씩 말이 들리기 시작했어요. 외국어를 공부할 때 어느 순간 귀가 트이는 것처럼요.

리디오도 듣기 시작했어요. 라디오는 방에서 혼자 들을 수 있어서 좋았어요. 어느 날 라디오를 들으며 웃고 있는 제 자신을 발견했어요. 참 오랜만에 웃는 거였습니다. 저는 그렇게 가끔 라디오를 들으며 웃기도 했습니다.

4. 등산

집 근처에 작은 산이 있었습니다. 가끔 가던 그 산에 가고 싶었어요. 며칠 동안 생각만 하다가 가족이 없는 시간을 기다렸어요. 어디 가냐고 물을까 봐 가족이 없는 시간을 기다리는 것이 중요했습니다. 드디어 집에 아무도 없을 때 모자를 뒤집어 쓰고 집을 나서서 등산로 입구에 섰지만 5분 걷고는 힘들어서 헐떡이다가 다시 집으로 돌아왔어요.

30분이면 거뜬히 꼭대기까지 갈 수 있었는데, 내 몸이 많이 약해졌다고 느꼈습니다. 오랫동안 움직이지 않아서 근육이 손실된 것 같았어요. 내가 가고 싶은 저 산에 가려면 근육이 붙어야 하니까 매일 산책을 했습니다. 모자를 눌러쓰고 안전하고 조용한 골목을 찾아 다니며 걸었어요. 그리고 매주 산에 갔습니다.

조금씩 더 높이 올라갈 수 있게 되었고 결국에는 산 꼭대기까지 올라갈 수 있었습니다. 정상에 올라서서 끝없이 펼쳐져 있는 아파트촌을 바라보다 보면 마음이 가벼워졌어요. 수많은 삶이 꿈틀대는 저 아파트촌에 내가 살고 있구나, 나는 멀리서 보면 보이지도 않을 만큼 작은 존재구나라는 생각이 들면서 비대했던 자아가 가벼워지는 것 같았습니다.

몸도 마음도 많이 좋아졌지만 다시 세상에 나오지는 않았습니다. 더 이상 어떤 시도나 노력을 할 엄두가 나질 않았습니다. 그리고 아무도 내게 어떤 기대나 요구도 할 수 없는 이 상태가 좋기도 했습니다.

5. 박경리의 『토지』

책도 읽기 시작했습니다. 하루는 주민센터 도서관에는 무슨 책이 있나 궁금해서 갔다가 박경리의 『토지』를 대여했습니다. 『토지』를 다 읽은 후에 저는 많이 달라졌습니다.

『토지』는 격변의 시대에 서희네 가족과 주변 인물들의 삶이 얽히고 설키며 역사의 흐름을 따라 흘러가는 모습을 그리고 있습니다. 수백 명의 인물이 등장하는데 누구 하나 비슷한 인물이 없고, 저마다 삶의 과제를 안고 살아갑니다. 작은 물방울들이 모여 큰 강을 이루어 흘러가듯이 수만 개의 각양각색의 삶들이 모여 역사의 강을 이루어 흘러갑니다. 이 16권의 대하소설을 읽으며 내 삶 또한 그 강을 이루는 작은 물방울 하나에 불과하다고 느꼈고 분노와 원망으로 가득 차서 무겁던 마음이 한결 가벼워졌습니다.

작가는 미운 인물도 너무 매몰차게 몰아세우지 않고 저마다의 사연을 덤덤히 풀어내며 자비로운 시선으로 인물을 그립니다. 이 책을 읽으며 수백 명의 인물을 작가의 시선으로 보다 보니 현실에서도 나 스스로와 타인을 좀 더 따뜻한 시선으로 보게 되었습니다.

소설에서 "살인 죄인도 아니고…"란 말이 나오는데요, 나 자신이 밉거나 다른 누군가가 원망스러울 때 "살인 죄인도 아니고…"라고 되뇌면 밉고 원망스러운 마음이 가라앉기도 했습니다.

6. 공감과 유머

따로 나가 살고 있던 동생은 주말에는 집에 왔습니다. 동생은 제 걱정을 하거나 어떤 조언을 하려 하지 않았습니다. 예전처럼 자기 방에 있다가 치킨 시켰을 때 "먹을래?" 하며 방문을 두드렸습니다. 동생이랑 같이 치킨을 먹으면서 TV를 보거나 일상적인 얘기를 하곤 했습니다.

그때 저는 스스로를 비정상적인 사람이라고 생각했었는데, 동생이랑 치킨을 먹으며 시시콜콜한 얘기를 하다 보면 제가 매우 정상적인 사람이 된 것 같았어요. 돌이켜 보면 당시 제가 유일하게 눈을 보며 편안하게 말할 수 있던 사람도 동생뿐이었던 것 같습니다.

하루는 동생이랑 TV 앞에 앉아 치킨을 먹다가 제 얘기를 하기 시작했습니다. 봇물 터지듯 제 입에서 말들이 쏟아져 나왔고 메말랐던 눈에서 눈물이 펑펑 쏟아져 나왔습니다. 동생은 제 얘기를 들어 주었습니다. 그냥 흘려 듣는 것이 아니라 충분히 공감해 주며 들어 주었습니다.

그렇게 펑펑 울다가 말하다 한 후에 잠이 들었는데, 다음 날 아침에 눈을 뜨니 무언가 묵직하게 가슴을 누르던 것이 내려간 것 같았습니다. 책상 위에 종이 한 장이 놓여 있길래 혹시 동생이 격

려의 말이라도 남겼나 해서 봤더니 하얀 A4 용지 가득히 큰 글씨로 '미련 곰탱이!'라고 써 있었습니다. 웃음이 빵 터져서 오랜만에 소리 내어 하하하 웃었습니다. 커튼을 열어 젖힌 듯이 마음이 갑자기 환해지는 것 같았습니다.

그 다음 주말에 동생은 지나가는 말로 "심심하지는 않아? 심심하면 나가서 돈이나 벌어 봐"라고 말했습니다. 저는 "그럴까? 그래"라고 답해 버렸습니다. 그리고는 그냥 그렇게 세상에 나올 준비를 시작했습니다. 그때가 28살이었습니다.

7. 다시 세상 속으로

대형 서점에 가서 요즘 화두가 뭔지도 보고 뉴스도 보기 시작하며 세상일에 관심을 갖기 시작했습니다. 취업 정보 사이트에 가서 일자리를 알아보고 이력서를 넣기 시작했습니다. 연락 오는 곳은 없어도 꾸준히 넣다 보니 더러 면접 기회가 생겼습니다.

면접은 공포스러웠습니다. 나에 대해서, 내 공백기에 대해서 어떻게 설명해야 할지 잘 몰랐고, 우물쭈물하며 당황했습니다. 면접관은 그런 저를 비난의 눈빛으로 마구 찌르는 것 같았습니다. 번섭 일성이 삽힐 때마다 노냥가고 싶었고 낳이 불안했지만 그냥 꾸준히 준비했습니다. 심심한데, 나가서 돈이나 벌어보자는 마음으로 그냥 별 생각 없이 꾸준히 준비했습니다.

28살 마지막 달에도 면접 일정이 잡혔습니다. 다행히 면접관들이 제 공백기에 대해서는 큰 관심이 없었습니다. 면접관은 주로 직무관련 질문을 했었는데 질문 중 하나가 어떤 나라의 현황에 대한 거였습니다. 마침 시사주간지에서 그 나라에 대한 기사를 봤던 기억이 나서 답을 잘 할 수 있었고 합격했습니다.

그렇게 셀 수 없이 많은 불합격 통지를 받은 후에 겨우 한 회사에 입사를 했고 29살이 되는 해를 첫 직장에 출근하며 시작했습니다. 그리고 2년 반의 은둔생활을 접고 세상으로 돌아왔습니다.

8. 친구

방 밖으로 나와 친구들에게도 연락을 했습니다. 연락을 할 수 있는 친구가 몇 안 되었는데 연락을 하기까지 망설였습니다. 만나면 무슨 말을 해야 하지, 나를 어떻게 설명해야 하지, 이렇게 된 나를 싫어하면 어떡하지… 이런 걱정들을 했어요.

막상 친구들을 만나고 보니 만나길 잘했다 싶었습니다. 친구들은 각자 자기 분야에서 경력을 쌓아가고 있었고 연애를 하며 결혼할 준비를 하고 있었어요. 친구들 보면서 세월이 이만큼 흘렀구나를 실감했어요. 방 안에 혼자 있을 때는 잘 몰랐거든요.

물론 또 다른 상처를 받기도 했어요. 제게 실망해서 떠나는 친구도 있었고 제가 별 볼일 없어 보였는지 못되게 굴어서 제가 먼저

떠나기도 했어요. 그래도 잔뜩 위축되어 있던 저를 따뜻하게 안아
주는 고마운 친구들도 있었습니다.

만약 제가 은톨이 경험을 하지 않았다면 저는 어떤 친구였을까
요? 가끔은 은톨이 경험에 감사할 때가 있습니다.

9. 취업 대신

처음 사회에 발을 내디딘 후 10년 남짓 사회생활을 하면서 다
놓아버리고 싶은 순간도 있었고 여러 고비가 있었습니다. 가장 힘
들었던 것은 불안정한 직장이었어요. 거의 매년 직장을 옮겼고,
그때마다 다시 일자리를 찾고 이력서를 넣고 면접을 보고, 어렵게
직장을 구해서 적응할 만하면 또 다시 그만두고 다시 일자리를 구
하고를 반복했습니다. 직장을 그만 둔 이유는 다양했지만 대부분
은 직장 내 괴롭힘 같은, 견디기 힘든 상황에서 벗어나기 위해서
였습니다.

만약 제 곁에 세상에 나오고 싶어하는 은톨이 친구가 있다면 취
업 대신 창업이나 프리랜서로 일을 시작하는 것도 검토해 보라고
하겠어요. 취업한 곳이 좋은 근무 환경에서 서로 존중해 주고 이
끌이주는 긴장한 분위기의 조직이라면 너할 나위 없이 좋겠지만
반대의 경우라면 용기 내어 세상에 나온 친구가 더 큰 상처를 받
고 다시 방으로 들어갈 수도 있으니까요.

세상에 나오는 길이 '취업' 하나인 것은 아닌 것 같아요. 시작하기에 부담이 덜한 무자본 창업이나 1인 지식 창업을 하며 자기만의 전문성을 서서히 키워나가고 그 과정에서 여러 사람을 접할 수도 있고요. 은둔형 외톨이 가족모임 카페처럼 관심사가 같은 사람들과 소통을 시작할 수도 있고요. 길은 여러 개인 것 같아요.

갑자기 무방비상태로 정글 같은 세상에 내던져지는 것보다는 서서히 좋은 사람들과 관계를 맺기 시작하며 나만의 전문성을 키워나가는 것이 취업보다 더 나을 수도 있다고 생각해요.

10. 내 자산

세상과 단절된 채 살다가 사회에 나오면 숨겨진 사회적 코드나 관례를 잘 모를 수 밖에 없죠. 그래서 실수를 하기도 하고, '눈치껏' 해야 하는 것들을 잘 못 할 수도 있고, 어수룩하게 보여 괴롭힘의 대상이 될 수 도 있어요. 제가 그랬거든요.

사회 초년생 시절 새 직장에 첫 출근을 한 날에도 그랬어요. 상사가 시킨 일을 의욕적으로 퇴근시간이 지나서까지 했고 결과물을 제출하고는 뿌듯한 마음으로 가방을 싸고 있었어요. 그런데 갑자기 상사가 화난 표정으로 "지금 뭐 하시는 거예요?"라고 물었어요. "퇴근하려고 가방 싸고 있습니다"라고 했더니 상사는 황당해하며 "지금 저한테 개기는 거예요?" 라고 물었어요. 상사의 무례한 말투에 놀래기도 했지만 무슨 말을 하는 건지 몰라서 순간 멍하니 있었어요. 그러자 상사가 "지금 저 일하고 있는 거 안 보여요?"라고 말했고 그제서야 저 사람이 왜 화가 났는지 무슨 말을 하고 있는지 알아차렸어요.

혹시 세상에 나와 이런 일을 겪게 되면 자책하지 마세요. 시간이 흐르면서 자연스럽게 눈치도 더 빨라지고 사람 대하는 것도 더 편해져요. 나중에는 능구렁이 소리 들을지도 몰라요. 스스로를 그렇게 다독여 주세요. 안 그래도 아픈 내 마음을 더 몰아세우며 비난하지 말아 주세요. 스스로를 다독이다 보면 다른 사람의 실수에도 조금 더 너그러워지고 내 마음이 조금 더 넓어져요.

나중에 제가 누군가를 리드하는 입장이 되었을 때 다른 사람의 실수나 잘못에 좀 더 너그럽고 유연하게 대처할 수 있게 되었어요. 그리고 그때 은둔이 경험이 아픈 과거가 아닌 내 자산이 되었다고 느꼈어요.

11. 다시 방으로 가지 않은 이유 1 —일

힘들어도 다시 방 안으로 들어가지 않고 사회생활을 계속해 나갈 수 있었던 것은 하고 싶은 일을 찾았기 때문이에요. 사회 조년생 시절 다녔던 두 직장 외에는 쭉 교육업에 종사했습니다.

처음 시작은 초중등 학생 대상 교재 만드는 일이었는데 교육을 통해 세상을 바꿀 수 있겠다 생각했어요. 교재를 기획하고 만들면서 어떤 주제에 대해서 어떤 글을 싣고 학생들에게 어떤 생각거리를 던져줄지를 계속 고민하다 보니 환경 문제나 동물 인권 등 인류가 함께 짊어지고 있는 문제에 대해 더 관심을 갖게 되었습니다.

그러는 동안 세상과 연결되는 느낌을 받았고, 고립으로부터 한층 더 벗어날 수 있었습니다. 나를 넘어서 세상에 대한 고민을 하다 보면 내 삶에서 오는 괴로움이 덜 느껴지는 것도 같았습니다. 때로는 제가 부조리한 세상의 무기력한 희생양이 아니라 세상을 바꾸는 힘이 있는 혁명가가 된 것도 같았습니다.

내 안에 매몰되지 않고 나를 넘어 우리를 생각할 때 느껴지는 충만감이 얼마나 큰지 느꼈습니다. 그래서 고립에서 벗어나려는 사람에게는 나를 넘어서 남 걱정, 세상 걱정 해보는 것을 추천합니다. 걱정으로 그치는 것이 아니라 봉사활동이나 사업과 같이 무언가 행동을 하면 더욱 좋구요.

일을 하며 '어쩌면 나는 교육 분야에서 일을 하려고 그동안 그렇게 힘들었는지도 모르겠다, 오늘까지만 살더라도 나는 이 일을 해야겠다'는 생각도 했습니다. 그 생각의 힘으로 매년 실직과 구직을 반복하면서도 한 업계에서 계속 일을 했고 시간이 흐르니 이 분야에서의 경력이 쌓이고 제 커리어가 생겼습니다.

12. 처음 좋아하는 일을 시작했을 때

처음 방에서 나와 직장을 구할 때만 해도 무엇을 하며 살아가야 할지 잘 몰랐어요. 일단 나가고 보자, 나가서 돈이나 벌어 보자는 생각이었으니까요. 첫 직장을 그만 둔 후에 구인구직 사이트에 이력서를 올리고 공개를 했어요. 나를 필요로 하는 곳에서 연락이 온다면 그곳에서 시작해 보자는 생각에서 그랬어요.

이력서 공개를 할 때 관심 직종에 표시하도록 되어 있었는데 하고 싶은 일이 없어서 '가장 덜 하기 싫은' 직종에 표시를 했어요. 그때 아마 '교육업'에도 표시를 했었나 봐요. 교재 만드는 회사에서 연락이 왔고 시험과 면접을 봤어요.

저는 면접에 약하기 때문에 시험 보는 회사가 좋았어요. 일단 시험을 통과하고 나니 면접 부담이 덜했고 면접관도 제 과거에는 큰 관심을 두지 않았어요. 회사에서 지금 어떤 프로젝트를 진행 중이고 제가 어떤 역할을 할 수 있는지에 초점을 두고 면접이 진행되었고 좋은 결과를 받을 수 있었어요.

그 회사에 다니면서 일 자체도 재미있었지만 공통된 목표를 향해서 동료들과 함께 고민하고 협업하는 과정도 재미있었어요. 워킹맘이었던 팀장님은 나도 저런 리더가 되고 싶다는 생각을 하게 하는 분이셨어요. 각양각색의 팀원들이 잘 어우러져서 결과물을 내도록 팀을 잘 이끌어 주셨어요.

사람들과 어울리는 것이 여전히 불편해서 점심시간이 두려웠어요. 저에 대해 이야기하고 싶지 않았는데 고맙게도 동료들은 제가 곤란해 하면 저에 대해 더 물어보지 않았어요. 동료들과는 굳이 제 얘기를 하지 않아도 일 얘기를 하면 되니까 좋기도 했습니다.

어쩌면 시작이 좋아서 교육업계에서 일을 계속 하게 되었는지도 모르겠습니다. 방 안에서 고립되어 무슨 일을 하며 살아야 할지 모르던 제게 가고 싶은 길이 생겼습니다.

13. 치유

제가 교재를 만들던 회사는 경영난에 시달리기 시작했고 구조조정이 있었고 사내정치와 이간질을 겪었고 새로 온 팀장과 갈등이 생기고 급여가 밀리기 시작하면서 직장을 그만두었어요. 이제 겨우 내 길을 찾았는데 갑자기 또 너무 많은 일들을 겪고 마음이 다치기도 했었죠.

같은 일을 계속 하고 싶었지만 그런 일자리를 찾을 수 없었고 창업을 하기에는 여건과 실력이 부족했습니다. 방황했지만 교육업계에서 일자리를 구하고 경력을 이어갔습니다.

학생을 직접 가르쳐 보면 교재 만드는 일에 많은 도움이 된다는 얘기를 들어서 강사 일을 하고 싶었는데 용기가 나질 않아서 피하고 있었어요. 그러다가 상사의 괴롭힘과 맞지 않는 업무에 시달리며 막다른 골목에 들어섰다고 느끼던 어느 날 '나 정말 죽을 것 같은데 죽기 전에 가르치는 일은 한 번 해보고 죽자'는 생각이 들었어요.

그렇게 작은 동네 학원에서 첫 강사 일을 시작했어요. 일을 시작하기 전에는 걱정을 많이 했어요. 교실에 들어서면 '아이들이 다 날 쳐다볼 텐데 아이들 눈빛이 다 내게 꽂혀서 내가 까무러치면 어떡하지'라는 걱정까지 했으니까요. 그런데 웬 걸요. 교실에 들어서자마자 호기심 어린 초롱초롱한 눈빛들이 저를 반겨주고 제게 먼저 다가와 주었어요. 긴장해서 움츠러들었던 마음이 한 순간 풀리면서 즐겁게 강사 일을 시작할 수 있었습니다.

군이 나를 설명하고 이해시키려 하지 않아도 그냥 나를 있는 그대로 받아들여 주고 마음을 열어주는 학생들 덕에 상처 받고 위축되었던 마음이 조금씩 치유되었습니다. 감사한 마음에 성심성의껏 수업을 하고 매사에 최선을 다하려 했습니다.

14. 가르치며 배운 것 1

가르치는 일을 하며 배운 것이 참 많습니다. 그중 세 가지만 꼽자면 첫 번째는 사람은 저마다 성장 속도가 다르다는 거에요. 공부하는 만큼 꾸준히 실력이 느는 학생도 있지만 정체기를 겪은 후에 급성장하는 학생도 있어요. 조금만 노력해도 금방 실력이 느는 학생도 있고 노력에 비해 더디게 성장하는 학생도 있어요. 중요한 것은 꾸준히 하다 보면 결국 모두 성장한다는 거에요. 이걸 안 후에는 저 스스로가 또래에 비해 많이 뒤쳐졌다는 자격지심을 내려놓고 꾸준히 노력하는 나 자신을 응원하기 시작했습니다.

그리고 받아들이기 시작했어요. 이유야 어찌되었건 간에 나는 또래들이 인생의 쓴맛 단맛 보며 성장해 갈 때 방 안에만 있었으니까 내가 그들과 같을 수는 없다는 것을 받아들였어요. 남들이 땀 흘려 성취한 것을 방 안에만 있던 내가 똑같이 갖길 바라는 것은 도둑놈 심보라는 것을, 모든 행동에는 대가가 있다는 것을 받아들였어요.

개똥밭에 굴러도 이승이 좋다는 말이 있잖아요. 앞으로는 아무리 힘들어도 방 안으로 들어가지 않고 세상 속에서 내 인생을 살아내자고 다짐했어요. 인생은 달리기경주 하는 것이 아니니 속도에 신경쓰기 말자, 다만 느려도 꾸준히 성장하자고 스스로를 다독였습니다. 자책만 멈추어도 마음이 많이 편해졌어요.

15. 가르치며 배운 것 2

두 번째는 인간의 성품이 본래 선하다고 믿게 되었습니다. 수년 동안 수많은 아이들을 겪었는데 나쁜 아이는 한 명도 없었어요. 말썽을 부리거나 반항하는 학생은 있었지만 그렇다고 천성이 나쁜 아이는 보지 못 했습니다.

인간이 원래 선하다면 왜 세상에는 폭력이 만연한 걸까요? 어떻게 하면 원래 선하게 태어난 사람이 괴물이 되는 것을 막을 수 있을까요? 괴물이 되어 버린 사람은 어떻게 다시 선한 모습을 되찾을 수 있을까요?

이런 것들이 많은 사람들 사이에서 화두가 되고 토론의 장이 열리고 여러 해결책들이 나오길 바랍니다. 그러기 위해서 상처 받은 자들이 목소리를 내면 좋겠습니다. 처음부터 세상에 잘 적응해 사는 사람들은 편안함에 속아 부조리에 익숙해져 버리기 쉬울 수 있습니다. 누구보다 날카롭게 부조리를 느낀 이들, 상처받은 이들이 목소리를 내고 세상에 나올 때 세상은 조금 더 살기 좋은 곳이 될 거라고 생각합니다.

16. 폭력에 대하여

사회 초년생 시절 몇 개월 근무했던 회사가 있습니다. 실장님은 기분이 안 좋은 날은 출근하자마자 정리되어 있는 신문들을 다 엎어버리며 고래고래 소리를 질렀고, 작은 실수에도 마구 악을 쓰며 소리를 질렀습니다. 드라마에서도 본 적 없던 광경이었습니다. 동료는 실장님의 폭언에 시달리나 위경련이 생겨 몰래 치료를 받기도 했습니다. 머지않아 제게도 실장님의 폭언이 쏟아지기 시작했고, 저보다 3살 어리고 그 회사가 첫 직장이라던 제 사수도 제게 똑같이 폭언을 퍼붓기 시작했습니다. 사수가 주도하는 따돌림도 시작되었습니다.

어떻게 계속 출근을 할 수 있냐고 동료들이 걱정 할 정도로 그들의 폭언은 심했었습니다. 직장을 바로 그만두고 싶었지만 매달 돈을 꼭 벌어야 하는 상황이었고 어렵게 구한 직장을 그만두면 다음 직장을 또 어떻게 구할지 자신이 없었습니다.

하루는 가족끼리 외식을 하기로 했습니다. 예약해 둔 식당으로 가는데 길을 조금 헤맸습니다. 동생이 큰길로 저를 데리러 왔는데 저는 동생을 보자마자 대체 왜 길을 이따위로 가르쳐 주었냐며 소리를 질렀습니다. 놀래서 커진 동생의 눈을 보고 나서야 정신이 번쩍 들었습니다. 전염병처럼 폭력이 저에게도 전염되어 제가 괴물이 되어 버린 것 같았습니다. 동생에게 거듭 사과를 하고 다음 날에는 사직서를 제출했습니다. 그리고 새 직장을 구할 때까지 커피숍에서 아르바이트를 하며 돈을 벌었습니다.

그동안 제가 겪었던 폭력적인 사람들의 어린 시절을 상상해 봅니다. 선한 마음을 가진 예쁜 아이만 떠오릅니다. 그들은 어쩌다 괴물이 되었을까요? 폭력이 제게 전염이 되어 제가 동생 앞에서 한 순간 괴물이 되었던 것처럼 그들도 폭력에 감염이 된 상태였을까요?

직장 상사의 갑질이 당연하게 여겨지던 시절이 있었습니다. 이제는 다르죠. 작년에 직장 내 괴롭힘 금지법이 시행되었습니다.

하지만 여전히 매일 쏟아져 나오는 폭력 관련 뉴스를 접하면서 갈 길이 멀었다고 느낍니다. 폭력에 대한 치료와 백신 개발이 코로나 19만큼 시급한 것이 아닐까요?

17. 가르치며 배운 것 3

가르치며 배운 세 번째는 아이들은 저마다 다른 빛깔로 예쁘게 빛난다는 거에요. 비슷한 아이가 없고 특별하지 않은 아이가 없었습니다. 이런 아이들에게 획일화된 기준은 무의미하고 각자의 개성을 꽃 피우며 살 수 있는 환경이 필요하다고 생각했어요.

그러던 중 이지성의 『에이트』를 읽으며 희망을 찾았습니다. 『에이트』는 인공지능이 대부분의 직업을 대체할 시대에 살아남는 방법 8가지를 소개하고, 그중 하나가 나만의 '평생 유치원' 설립하기입니다. 정해진 틀에 나를 끼워 맞추는 교육에서 벗어나 개개인이 각자 자유롭게 스스로 선택한 일에 몰입하고 성취하고를 반복하라고 합니다.

정말 그렇게만 할 수 있다면 우리 모두 저마다의 잠재력을 꽃 피울 수 있겠다고 생각했습니다. 작가는 그래야만 살아남는다고 합니다.

만약 획일화된 교육 시스템과 맞지 않아서 방에 들어가 나오지 않는 친구가 있다면 그럴 필요 없다고 말해 주고 싶습니다. 어차피 가까운 미래에 지금 있는 많은 직업들이 사라진다고 하고 현재 교육 시스템은 이러한 변화에 충분히 대비시켜주지 못 하고 있으니, 그냥 '평생 유치원' 하나 설립해서 너 하고 싶은 거 자유롭게 하고 몰입하고 성취하라고 하겠어요.

"별을 풀어 주는 아이들"

반짝반짝 빛나는 별과 같은 우리.
어딘가에 가두어져 빛을 잃은 별이 있다면 우리가 힘을 모아 풀어 줍시다.
자유로워진 별들이 저마다의 빛깔로 다시 예쁘게 빛나며
우리가 사는 세상을 더욱 아름답게 밝혀 줄 겁니다.

18. 평생유치원

이지성의 『에이트』를 통해 '평생유치원'에 대한 관심이 생겨 『미첼 레스닉의 평생유치원』을 이어서 읽었습니다. 그리고 제가 과거로 돌아가 당시 은톨이였던 저의 친구가 되어 주는 것을 상상해 봤습니다. 레스닉 교수가 권하는 창의적 학습의 4P를 적용해서 친구가 자기만의 평생 유치원을 설립해 세상에 나올 준비를 하도록 돕는 상상을 했습니다.

우선 친구의 관심사가 무엇인지 살피겠습니다. 관심은 '열정(Passion)'의 시작이니까요. 친구는 예전에 그림 그리는 것을 좋아했다고 합니다. 친구에게 한 가지 '프로젝트(Project)'를 제안합니다. "내가 동화책을 만들려고 해. 이미 이야기 구상은 다 했고 쓰기 시작했어. 네가 그림을 그려줄래?" 친구는 거절하겠죠. "나는 전공자도 아니고 자신 없고 귀찮다"라고 하면서요. 그러면 설득합니다. "우리 이야기야. 다른 사람이 그리면 의미가 없어. 꼭 너여야만 해." 그리고 친구의 '동료(Peer)'가 되어서 서로의 글과 그림에 대한 피드백을 주고 받으며 동화책을 만듭니다. 시간제한 같은 거두지 말고, 친구와 동화책을 만들어 가는 과정을 '놀이(Play)' 하듯이 즐겁게 합니다. 출판과 인쇄 등 모든 부분을 함께 상의하며 합니다.

동화책 한 권이 완성되었을 때는 친구도 저도 한층 더 성장해 있고 친구는 조금 더 세상에 나갈 준비가 되어 있지 않을까요? 말처럼 쉽지는 않겠지만 말보다 더 값진 경험이 될 수도 있다고 생각합니다.

19. 다시 방으로 가지 않은 이유 2 —사람

힘들어도 다시 방 안으로 들어가지 않고 사회생활을 계속해 나갈 수 있었던 또 다른 이유는 사람이었어요.

(1)

제게는 학생들도 있었지만 일에 대한 전문성이나 사회성이 부족한 저를 존중해 주며 차근차근 일을 가르쳐 주시던 좋은 상사들도 있었고, 못된 상사로부터 심한 괴롭힘과 따돌림을 당할 때도 뒤에서 몰래 토닥여 주는 좋은 동료들도 있었습니다.

가끔 가다 미친 개 있는 동네가 하나씩 있는 것처럼 미친 개 있는 집단이 하나씩 있는 것 같아요. 미친 개한테 물리지 않게 조심하면 되지 미친 개 무서워서 밖에 못 나가고 있으면 안 되잖아요. 가끔씩 다시 방으로 들어가고 싶을 때마다 이렇게 스스로를 다독였어요.

(2)

방에서 나온 후에도 불안해지거나 우울해지는 시기가 있었어요.

그때는 상태가 심해지기 전에 적극적으로 나서서 심리상담도 받고 약물치료도 받았습니다. 아무리 평소에 자기 마음을 잘 돌본다고 해도 때로는 예기치 못 한 사건에 휘말리기도 하고 혼자서는 감당 못 할 문제가 생기기도 하잖아요. 그럴 때는 도움을 청할 줄도 알게 되었어요.

나랑 잘 맞는 좋은 상담선생님을 처음부터 만나지 못 할 수도 있어요. 그렇지만 그런 선생님 한 분만 알아두면 마음 한 구석이 든든해져요.

(3)

아이들을 가르치는 일을 하기 전에 힘든 시기를 보내고 있었어요. 회사에서는 '갑은 갑답게, 을은 을답게' 구는 것을 강조하던 상사에게 매일 시달렸고, 그 당시에는 집도 저에게는 편안한 곳이 아니었어요. 은둔만 하지 않았을 뿐, 외톨이여서 만날 친구도 없었죠.

그러던 중에 힘든 일이 있으면 만나서 하소연도 하고 때로는 맛있는 음식 먹으며 수다도 떨 수 있는 친구가 생겼어요. 이 세상에는 내 마음 한 조각 누일 곳이 없어 보였는데 친구가 한 명 생기니 숨통이 트이는 것 같았습니다. '곁을 내어준다는 것이 이렇게 엄청나 거구나' 생각했어요.

'N포세대' 같은 말이 등장하고 인간관계마저 포기하는 사람들이 많아지고 있는 시대에 살고 있습니다. 하지만 사는 것이 힘들수록 더욱 서로 의지하고 보듬어줄 가족이나 친구가 필요한 것 같아요. 자동차에 에어백이 있는 것처럼 내 곁에 있는 소중한 사람들과의 관계가 살면서 겪는 충격을 완화해 주는 것 같습니다.

20. 운전석에 앉기

은둔 생활을 뒤로 하고 세상에 나와 여러 힘든 일들을 겪었지만 다시 방으로 들어가지는 않았습니다. 예전보다 더 단단해진 건 은둔 생활을 마치고 나서야 비로소 운전석에 앉아 스스로를 운전하며 인생을 살기 시작했기 때문입니다.

이십 대 때 저는 남의 차에 탄 사람 같았어요. 그것도 조수석에 앉아서 멍하니 지나가는 풍경 보듯 제가 경험하는 모든 것들을 멍하니 바라보기만 할 때가 많았어요. 그러다 정신이 들면 분노가 솟구쳤어요. 분노할 땐 폭식을 했어요. 풍선 불듯이 제 몸이 점점 커져서 뻥 터져 사라져 버리는 걸 상상하며 배가 아플 때까지 먹고 또 먹었어요. 가기 싫은 길을 억지로 꾸역꾸역 가면서 무척 괴로웠고 '얘(나)만 없어지면 괴로움도 사라지겠다'는 생각을 하곤 했습니다.

은둔하면서부터는 자유로워졌습니다. 아무도 제 인생에 개입하려 하지 않았습니다. 다시 세상에 나와서는 어떤 일도 이십 대 때 겪었던 괴로움에 비하면 그리 힘들지 않았습니다. 예전에는 감정이 메말라서 눈물도 나지 않았었는데 서른이 된 이후에는 힘들면 평평 울어버리기도 했으니까요.

제 학생 중에 동물과 그림 그리기를 좋아하는 학생이 있었습니다. 이 학생은 성적 올리기 위한 공부를 하는 것을 너무 힘들어했습니다. 성적을 올리기 위한 공부를 하다 보면 정작 자기가 좋아하는 것을 할 시간이 없다고 했습니다. 정말 하고 싶은 일은 못 하고 하기 싫은 일을 억지로 꾸역꾸역 하면서 하루 하루를 보내는 것을 괴로워했습니다. 내 인생의 주인공이 되어 내가 주도하는 삶을 사는 것이 얼마나 중요한지도 알고 내 아이가 더 많은 좋은 기회를 갖길 바라는 학부모의 마음도 알기에 이런 학생을 만날 때마다 안타까웠습니다.

갈수록 더 어린 나이에 경쟁에 내몰리는 사회에 살고 있습니다. 지나치게 경쟁에 휩쓸리는 것을 경계하고 아이가 좋아하는 일에 몰두할 시간을 확보해 주기만 해도 이런 사회에서 어느 정도는 아이들을 지켜낼 수 있지 않을까요?

21. 트루먼 쇼

시간이 흐르며 사회 생활이 점점 더 편해지면서 다른 사람과 이야기를 나누는 것도 갈수록 편해지기도 했습니다. 하지만 어느 순간부터 나에 대한 나쁜 말들이 꼬리표처럼 나를 따라다니는 것 같다는 생각이 들었고 그때부터는 사람 만나는 것이 다시 불편해지기도 했어요.

그런 생각이 든 특별한 계기가 있었던 것은 아니었어요. 직장에서 잘 지내다가 갑자기 제게 거리를 두며 쌀쌀맞게 혹은 못되게 대하는 동료들이 더러 있었습니다. 선 자리에 나가면 처음 만난 사람인데 "너 웃긴 애구나"라고 말하는 듯한 표정으로 저를 보거나 처음 만난 날은 크게 호감을 표했다가 다음 날에는 갑자기 못되게 구는 사람도 더러 있었습니다.

나중에는 식당에서 밥 먹는데도 옆 테이블에 있는 아저씨들이 저를 관찰하는 것 같고, 집에서는 엄마가 저를 관찰하는 것 같은 기분이 들고, 영화 〈트루먼 쇼〉처럼 다들 짜고서는 연기하는 것 같았습니다. 돌이켜보니 제 인생 자체가 어처구니 없는 상황만 연이어 펼쳐지는 코미디 같았어요.

친구에게 털어놓았습니다. 다 나를 관찰하는 것 같고 연기하는 것 같다고. 무섭다고. 친구는 저를 붙잡고 제 눈을 보며 차분하게 말했습니다. "나 봐봐. 다른 사람은 몰라도 나는 연기하는 거 아니야. 나는 믿어도 괜찮아. 나 믿어. 나 믿고 일단 심리상담 받아 봐."

친구 믿고 상담도 받고 약물치료도 받으며 그 고비를 넘겼습니다.

22. 꼬리표

내가 뭘 잘못했지? 누군가에게 미움 살 만한 일은 하지 않은 것 같은데, 영화 〈올드보이〉의 주인공처럼 나도 모르게 누군가에게 큰 상처를 주었었나? 내게 정말로 꼬리표가 달렸다면 어떤 내용의 꼬리표일까? 별의 별 생각이 다 들었어요.

대학에 가면서부터 만난 많은 사람들에게 저는 안 좋은 인상만 남기며 살아왔을 거라고 생각했어요. 제가 무척 한심해 보였을 거에요. 심하게 방황했던 이십 대에 저를 스쳐갔던 많은 사람들, 사회에 나와 좌충우돌하며 세상에 적응해 가는 동안 저를 스쳐갔던 많은 사람들의 한 마디 한 마디가 뭉쳐져서 눈덩이 커지듯 커져 버렸을지도 몰라요.

결국엔 어차피 실체가 없는 것에 마음 쓰지 말자고 다짐했습니다. 토마토더러 사과라 한들 토마토는 사과가 될 수 없는 것처럼 내게 어떤 꼬리표가 달려도 내 본질은 변하지 않으니까요. 그냥 묵묵히 내 길 가며 꾸준히 성장해 가자. 가끔 시달리는 기분이 들고 사람을 만날 때 위축이 되곤 했지만 그렇게 스스로를 다독였습니다.

23. 작은 노력이 모이면

애초에 제게 꼬리표 같은 것은 없을 수도 있습니다. 재수가 없어서 무례하거나 못된 사람을 더러 접했을 수도 있죠. 하지만 친구들에 비해 유독 그런 사람들을 많이 접했다고 느꼈습니다. 내가 너무 만만해 보이는 걸까? 더 강하고 세 보이도록 해야 할까? 고민하기도 했습니다.

힘든 시기를 보내고 약해지니 세상이 더 차가워지는 것 같았어요. 약한 사람을 더 따뜻하게 안아주면 좋을 텐데 그 반대가 세상 인심이더군요. 더 강하고 세 보이도록 노력하는 대신에 그냥 더 단단해지고 강해지자. 그리고 세상을 더욱 따뜻한 곳으로 만들기 위해 내가 할 수 있는 일들을 해야겠다 생각했습니다.

제가 할 수 있는 일은 어떻게 보면 아주 사소하고 당연히 해야 하는 것들이었습니다. 지하철에서 노약자에게 자리 양보하기, 고마운 사람에게 감사 인사하기, 강사가 아니라 교육자로서 학생들 가르치기와 같은 것들이요. 이런 노력들을 하면서 저 스스로가 더 단단해지고 제 주변이 더 따뜻해진다고 느꼈습니다. 많은 사람들의 이런 작은 노력들이 모이면 우리가 사는 이 세상이 더 따뜻한 곳이 될 거라고 믿습니다.

24. 화해

저는 운이 좋아 자상한 아버지와 유쾌한 어머니가 꾸리신 가정에 태어났고, 부모님처럼 평범하고 행복하게 사는 것이 어린 시절 저의 꿈이었습니다. 그러나 대학에 가면서부터 진로 문제로 부모님과 갈등하기 시작했고 나중에는 부모님에 대한 원망과 분노밖에 남지 않은 채 방 안에서만 지냈었습니다.

다시 방 밖으로 나올 때는 지난 일은 잊고 누구도 원망하지 않기로 했습니다. 부모님으로부터 받은 것이 너무 많아서 한 가지 실수를 물고 늘어지며 내 가족과 스스로를 괴롭히고 싶지 않았어요. 하지만 실직하거나 견디기 힘든 상황에 처할 때마다 다시 원망하는 마음이 올라오곤 했습니다. 굳이 말로 다 쏟아내지 않아도 매년 표정으로 말투로 원망하는 딸을 데리고 살아 주셨던 부모님께서도 마음이 많이 다치셨겠지요.

부모님께서 나이 들어가면서도 아직도 원망하는 딸을 묵묵하게 데리고 살아 주셨던 덕에, 그리고 따뜻한 가정을 꾸리고 저에게 사랑을 많이 주신 덕에 제가 힘든 시기에 더 엇나가지 않고 그나마 그 정도로 스스로를 지켜내고 희망을 찾을 수 있었습니다.

세상이 갈수록 더 빠른 속도로 변하고 생활도 가치관도 따라서 많이 변할 텐데요, 어쩌면 저는 제 딸과 더 크게 갈등할 수도 있을 것 같습니다. 좋은 것만 주고 싶은 내 딸에게 상처를 줄 수도 있겠지요. 그러지 않기 위해서 세상의 변화에 조금 더 관심을 갖고 여러 관점에서 생각해 보며 생각이 굳어지지 않도록 하려 합니다. 더 좋은 방법이 있으면 알려 주세요.

앞으로 남은 세월은 한때 폐허 같았던 부모님과의 관계를 예쁘

게 가꾸어 나가고 싶습니다. 그리고 그렇게 해야 내 딸과의 관계
도 예쁘게 가꾸어 나갈 수 있을 것 같습니다.

25. 지금

세상 속으로 돌아온 지 십여 년이 지난 지금 저는 가정을 이루
었고 4개월 된 아가를 돌보며 지내고 있습니다. 남편과는 나는 이
런 사람이고 이렇게 살아왔고 앞으로 어떻게 살고 싶은지에 대해
허심탄회하게 이야기할 수 있어서 좋아요.

마지막 직장은 2년 다녔고 아기를 갖기 위해서 그만두었습니다.
이제는 면접을 봐도 할 말이 많아졌고 사람 대하는 것도 더 편해
졌습니다. 스스로를 돌보는 법도 남을 배려하는 법도 더 많이 알
게 되었습니다. 이제 은톨이 경험은 제가 해온 여러 경험 중 하나
일 뿐이고, 그 경험을 독으로 만들지 약으로 만들지는 내게 달렸
다는 것도 알게 되었습니다. 다시 세상으로 돌아와서 상처도 받고
힘들기도 했지만 그보다 더 큰 치유와 배움이 있었습니다.

나와 연결되어 세상에 나온 아가를 보면 아직도 가슴이 뭉클해
지곤 합니다. 아기 덕에 제가 세상과 더 밀접하게 연결된 것도 같
습니다. 지금 저는 돌봄이 필요한 상처 많은 아이도 아니고 세상
을 등지고 숨어 있는 사람도 아닙니다. 이제는 한 아이의 엄마로

서 그리고 어른으로서 돌보는 사람이 되었고, 돌보는 역할을 하게 되어 기쁩니다.

내 아이가 살아갈 세상은 더 따뜻하고 살기 좋은 곳이면 좋겠습니다. 세상을 그런 곳으로 만들기 위해 내가 할 수 있는 일은 무엇이 있을까 고민하다 이 글도 쓰게 되었습니다.

이 책을 통해 더 많은 다양한 이야기들이 들려오면 좋겠습니다. 저마다 다른 이유로 방으로 들어간다고 하지만 다양한 사례들이 모이다 보면 무언가 해결책이 나오지 않을까요?

세상 모든 은톨이와 가족분들을 응원합니다.

돌솥비빔밥
방에서 나와
여러 꿈나무를 가르치던
지금은 꿈나무 하나 키우는
더욱 따뜻한 세상을 꿈꾸는
나도 매일 자라는 꿈나무
1hyoon3@naver.com

은둔고수: 은둔 경험도 스펙이다

―유승규('은둔고수' 서포터즈 책임자)

20대의 막바지, 은둔을 빼고는 내 삶을 논할 수 없어졌다. 현재 나는 국내 최초로 은둔 경험자를 양성하는 일을 한다. 현재 은둔 상태를 겪고 있는 당사자, 당사자의 가족, 은둔의 후유증으로 현재 삶이 어려운 사람을 경험·극복자가 돕는 피어(동료) 서포터즈 일이다.

은둔고수

서포터즈 명은 '은둔고수.' 이 이름을 직접 지었다는 것에 사부심이 있다. 기존의 공공기관스러운 따분한 네이밍을 쓰고 싶지 않았다. 그리고 은둔하고 있는 사람을 멋지게 표현하고 싶었다. '은둔고수'라 함은 각종 사극이나 역사물에서 주로 등장하는 용어이다. 대단한 재능을 가지고 있지만 어지러운 속세를 떠나 은거 중인 재야의 고수를 뜻한다. 삼국지의 제갈량이 가장 대표적인 예라고 할 수 있다. 현재까지 업계에서 일하며 각기 다른 재능을 가지고 있는 은둔 당사자를 만나왔는데 해당 분야를 잘 모르는 사람들로 인해 그들이 단순 게으르고 무기력한 사람들로 치부되는 것이 싫었다. 그리고 나 역시도 내 달란트를 활용하여 세상에 멋지게 나서고 싶었다.

올해로 2기를 진행하고 있는 은둔고수 프로젝트의 책임자로서 내 5년간의 은둔이야기를 써 보려 한다. 은둔고수의 슬로건은 "은둔 경험은 스펙이다."

어떻게 나의 은둔이 스펙이라고 생각하게 되었는지 그 과정을 써 내려가 보겠다.

피어 서포터즈 사업 제안을 받다

2019년 7월. 당시 유일하게 은둔형 외톨이를 지원하는 청년재단의 체인지업 프로젝트에 1년간 참여했다. 해당 프로젝트를 담당하던 단체가 K2인터내셔널이라는 곳인데, 일본인 대표님과 직원들이 한국에서 운영하는 은둔형 외톨이를 위한 사회적 기업이다. 공동생활 프로그램을 기본으로 일 경험 식당 연계, 유관기관

네트워크를 통한 심리상담 등 종합적 지원을 하는 곳이다. 1년간의 지원을 받은 후 집으로 돌아가려던 때, 대표님의 제안으로 피어 서포터즈 사업을 담당하게 되었고, 그렇게 K2의 직원으로 재직하며 '은둔고수'라는 서포터즈를 몇몇 뜻있는 직원들과 함께 기획 운영하게 됐다. 은둔고수를 진행하면서 각종 취재 요청이 잦았다. 은둔 경험자가 미디어에 나서는 경우가 드물어 요청이 올 때마다 거의 독점하여 수많은 방송 출연과 인터뷰를 했었는데(나는 나서는 활동을 좋아한다) 매번 비슷한 이야기를 질문으로 받기 때문에 나의 과거 은둔 원인을 비교적 많이 탐구할 기회가 되었다.

나는 5년을 은둔했다. 유명한 단식 방법처럼 '간헐적'으로 했는데 은둔 기간은 몇 주 정도로 짧기도 했고, 때로는 1년간 외출 없는 삶을 살기도 했다. 이유야 복합적이지만 큰 갈래들을 소개하자면 이렇다.

현재까지 생각한 은둔의 이유들

1. 어릴 적부터 정리정돈을 잘 못 했다.

뿐만 아니라 수학문제에서 도형을 돌리면 어떤 모양이 되는지 맞추는 문제를 거의 못 풀었다. 그때는 막연히 어렵다고만 느꼈는데, 은둔이 지속되던 성인기에 ADHD 검사를 받아봤더니 꼭 치료를 받아야 하는 것은 아니지만 "경계선상에 있어 주의가 필요하

쓰레기장 같았던 내 방

다"는 얘기를 들었다.

관련해서 중학교 시절이 기억나는데, 국어과목이었다. 항상 초반에는 열심히 하려고 했고 또 잘 하려고 했다. 그렇게 좋은 이미지를 구축해 놓고선 중간에 선생님들이 실망하는 경우가 많았다. 수업 내용이 점차 심화되는 시기마다 내 기준에서의 일정 복잡함을 넘으면 '못 하는 일'처럼 느꼈다. 그래서 항상 회피했던 것 같다. 군 복무 시절에도 군복 개는 방법을 아무리 봐도 도저히 어떻게 하는지 알기가 어려워 훈련소 동기에게 20번도 더 물어봤던 것같다. 주변인도 나를 그렇게 생각하곤 했는데 그 프레임의 스노우볼이 지금도 남아 있어 종류가 많아지는 정리 정돈이나 복잡하고 꾸준히 해야 하는 일을 자주 피하거나 한없이 미룬다. 기질적으로 잘 못 했던 것 같긴 한데, 연습하거나 내 눈높이에서 극복해 볼 기회도 마땅히 없었던 것 같다. 주변에서도 그렇게 생각하니 스스로도 '난 못 한다'고 생각해 늘 마주하지 않았더니 점점 기초적인 삶에도 영향이 생겼던 것 같다. 은둔시기의 내 방을 보면 완전 쓰레기장이나 다름이 없는데(모든 은둔 당사자의 방이 그런 것은 아니다) 나의 이런 기질과 맞물려 그렇게 된 것이 아닐까 생각된다.

은둔 당사자의 부모님을 상담하거나 K2 공동생활에서 비슷한 친구들을 접할 때 나와 비슷한 현상을 경험한 청년들을 심심치 않게 만난다. 대부분 처음에는 호기롭고 추진력 있게 잘 하려고 하다가 일정 수준을 넘으면 마치 '못 하는 일'처럼 느껴 갑자기 돌연 포기하곤 한다. 보통 그럴 때 부모에게 가장 많이 듣는 말이 "너는 끈기가 없다" "게으르다" 등의 말이라고 한다. 나 역시도 그런 말을 자주 들었다.

2. 양호실에 전용 약이 구비될 정도로 천식을 앓았다.

때문에 육체적 활동이나, 문제 상황을 본능적으로 피했다. 아주 어릴 때는 계단에서 호흡이 안 된 상태로 뒤로 자빠졌던 적도 있다고 한다. 중, 고교까지도 먼지가 많거나 체육 활동을 할 때 자주 증상이 발현되어 조퇴의 단골손님이었다. 때문에 어머님은 육체적 활동에 대해서나 무리가 될 법한 상황에서 나를 유독 많이 보호하셨다. 목욕탕에서 찬물에 못 들어가게 하거나 동물도 만지지 못 하게 차단 당했던 경험 등 보호 받았던 경험들이 있는데, 때문에 여전히 동물은 나에게 어색하게 느껴진다. 엄마는 나의 은둔 요인 중 이 부분을 가장 크게 꼽는다. 그 시절 본인이 과잉보호를 했던 탓이 있던 것 같다며 말이다.

3. 가부장적 가정에서 장손이었다.

나이가 많은 다른 친척보다 용돈과 사랑을 많이 받았다. 나와 할아버지 단 둘이서라도 고조할아버지 대까지 제사를 꼭 지냈어야 했는데, 이론적으로는 좋은 문화이지만 제사 준비는 엄마가 항상 독박을 썼다. 게다가 엄마는 화장품 방문 판매원으로 일도 했으며 할아버지는 나에게는 좋은 분이었으나 엄마에게는 새벽 3시에 밥을 차리라고 하는 아주 멋진(?) 할아버지였다. 당시 우리 가족은 증조부, 조부, 작은 아빠까지… 대가족이었다. (엄마는 나의 조부모와 분가할 때 시집 온 후 처음으로 쾌변을 보았다고 회고하신다.) 그리고 어릴 적엔 장손 문화를 가르쳐 주는 대로 흡수했고 마냥 중요한 줄로만 알았다. 그래서 한때는 열심히 했다. 제사상 놓는 법을 어릴 적부터 익혔고 향을 피우거나 멍석, 병풍을 설치했다. 그러나 친척들은 만나기만 하면 싸웠고, 그럼에도 아빠는 이 문화가 중요하다고 말하는 지점에서 많은 모순을 느꼈다.

제사나 명절 후 100% 확률로 나는 가정 안에서 다투는 모습을 목격했다. 물론 자라고 보니 이런 만남의 계기가 없는 가족보다 연락을 잘 주고받기는 하지만 제사 준비나, 만남으로 상처받는 사람들이 너무 많았다. 엄마는 항상 경기하듯 해당 시기가 되면 아빠와의 갈등으로 쓰러지는 일이 빈번했고 내 주요 임무는 약국에서 '우황청심환'을 사 오는 것이었다.

비슷한 예시로 초등학교 시절 친구 10명 정도를 데리고 노래방에 갈 예정으로 집에 왔다. 그런데 집에 돌아오자마자 내가 들은 말은 "지금 시골에 간다. 준비해라"였다. 별다른 이유도 나에게 설명해 주지 않았다. 너무 어린 시절이었지만 나는 부당함을 느꼈다. 뭐라 표현해야 할지 단어도 잘 몰랐던 시절이지만 화가 났다.

그리고 그런 것들이 성인기까지 일상이었다. 아빠는 만학도에 의사면허에 합격하고 가정을 일으켰기 때문에 항상 강해 보였고, 때때로 폭력적이었다. 웃어른을 공경해야 한다고 할아버지들 밑에서 배운 나는 대항하는 방법도 몰랐다. 다시 초등학교 때로 돌아가면, 그때 너무 화나는 마음에 유리 문을 쾅 닫았는데 그 순간 유리가 모두 깨지면서 내 팔뚝이 쭉 찢기고 유리가 박혔다. 주위 모든 집의 사람들이 뛰쳐나와 나를 부축했다. 그러나 나는 기뻤다. 바로 응급실에 가게 됐고, 그래서 시골에 가지 않게 되어서 너무 기뻤다.

이렇게 가부장적 문화의 폐해를 진하게 경험했고 책임감에 빠져들어 딱딱한 소신을 가지게 된 남성들의 모습과 버티는 것만이 미덕인 줄 알았던 엄마의 삶. 그 사이에 어린 내가 있었다.

위 예시 정도의 '무언의 반항'이 내 표현의 전부였다. 성인이 되어도 한 번도 아빠와 해당 상황들에 맞서 본 적이 없다. 그냥 피하거나 도망치거나 울었다.

4. 아버지는 필리핀에서 만학도가 되도록 치과 공부를 하셨다.

아버지는 40대 중반이 돼서야 의사가 되신 것으로 기억한다. 어릴 적 아버지와 정서적 교류가 거의 없었다. 그리고 아버지는 3번의 예시들처럼 가부장적 문화에 진하게 물든 분이셨다. 그야말로 소통불가로 느껴졌다. 주변의 어른들은 비슷한 분들뿐이었기에 아버지에게 순응하는 법을 미덕으로 가르쳐 주셨다. 대항하거나 '나'로서 소통하는 방법을 알려준 분은 없었다. (시대상 본인들도 자신을 잃으며 공부하거나, 가정에 헌신하는 것이 강요되었으니 모르셨을 것이다.)

그래서 지금도 아버지가 싫지는 않지만 매우 어색하다. 명절 정도에나 얼굴을 뵌다. (아버지 역시 나에게 왜 연락하지 않느냐고 엄마를 통해서 물어볼 뿐 나에게 연락하시진 못 한다.)

은둔 이후 어머님과도 조금 어색해졌다. 엄마는 힘들어하고, 아빠는 소통이 되지 않는다고 느껴지니 가정 안에서 내 솔직함을 표현할 수 없어졌다. 매일 하교 후 엄마가 자살하지 않았을까, 아무도 없는 고요한 집의 안방 문을 맘 졸이며 열어본 적이 많다. 엄마가 스트레스에 졸도하는 모습을 심심치 않게 보고 자랐다. 그때마다 화가 났다. 엄마는 왜 이런 삶에 순응하는 것이며, 어른들은 왜이 기초적인 소통에 딱딱한 소신을 적용시키는 것인지. 한편으로는 둘 다 불쌍했다. 그러나 나는 방 안에서 그 모든 분노를 소리 없이 삼켰다. 화를 내본 적이 있지만 난 위의 배경에서 배운 대로 자라온 어린 청소년에 불과했다. 뭐에 화가 나는지 어떻게 소통해야 하고 어떻게 이 상황을 타개해야 하는지 몰랐다. 그냥 압도되어 있었다.

그런 감정이 반항심으로 많이 이어지기도 했던 것 같다.

밖에서는 활동적이지만 집에만 오면 소심해지는…

가정 안에서 내 솔직함을 내비친 적은 정말 적었다. 난 밖에서는 되게 자유롭고 독보적으로 활동적인 사람이었지만 집에 오면 그 누구보다 소심한 사람으로 변했다. 엄마와는 그나마 교류가 있어 나에 대해 알고 계셨지만 아버지는 날 잘 알지 못 하셨다.

그런 단절 때문에 아버지는 내가 하고 싶은 것을 밀어줬다고 생각하지만, 솔직한 내 꿈을 이야기하면 어차피 비판 받을 게 뻔했기 때문에 늘 아버지가 납득할 만한 꿈을 말했고, 결국 아버지는 본인이 납득할 수 있는 꿈을 밀어주신 꼴이다. 부모님 입장에서는 억울할 수도 있겠다. 그러나 나는 솔직할 수 없었다.

내 어릴 적 진짜 꿈은 연극배우였다. 표현하거나 무대에 서는 일을 너무 사랑했고 누구보다 자신 있었다. 어릴 적 다녔던 공부방에서(논술학원 내지는 창의력 학원이라고 생각하면 된다.) 위에서 나열한 가족의 문화와 완전 반대의 사상을 생에 처음으로 경험했는데 기존의 획일적인 교육 방식보다 체험학습이나, 연극 등을 많이 경험할 수 있게 조기교육을 해주었다. 선생님 내외분은 연극과 연이 있는 분들이라 감정을 알아차리고 발산하는 것에 익숙하셨고 그 영향을 받아 나는 새로운 눈을 떴다. 덕분에 어딜 가나 무대 위로 올라오라고 하면 제일 먼저 손 드는 아이가 바로 나였다. 그리고 연극이나 연기도 곧잘 해내서, 연극 제의를 받은 적도 있다. (성인기에도 있었다.) 아버지도 지금 여러 단체에서 대표 역할을 많이 맡으시고 할아버지도 그러셨는데 그런 기질도 한몫하여, 나의 달란트를 예술 계통에서 발견한 시기였던 것 같다.

연극에 대한 꿈은 점점 계발되어 굳이 연극이 아니어도 사람들에게 나를 발산하는 꿈으로 뻗어나갔다. 약 13년 정도 전부터 지금의 유튜버를 꿈꿨다. 친교 관계가 매우 좋았고 사람을 모집하는 것에도 재미를 느껴 온라인 게임 클랜 마스터 역할을 10년간 단 한 번도 놓은 적이 없었는데 그것을 매개로 인터넷 방송을 하고 싶었다. 당시 운영하던 카페의 회원 수는 3000명이 넘었다. 중, 고교 무렵부터 30명 이상의 정모(정기 모임)를 개최하기도 했는데 전국 각지에서 모이는 만큼 장소 선정부터 쉽지 않은 모임이었다. 거리가 먼 클랜원에게 교통비를 지원해 주거나 별도 혜택을 주고 대부분 대천해수욕장 인근에서 개최했다.

연극배우, 그리고 유튜버를 꿈꾸다

당시 아프리카TV 같은 플랫폼이 처음 대중에게 알려질 시기여서 게임을 매개로 1인 미디어 방송을 꿈꿨다. 고교 방송반 활동을 하면서 영상 공모전에도 많이 나가 수상도 잦았다. 그때 쌓아갔던 촬영, 편집 스킬과 클랜 운영으로 쌓은 리더십, 연극이나 무대에 대한 열망이 합쳐져 정말 하고 싶었던 꿈이었다. 더군다나 우리 세대에게 1인 미디어나 방송 등은 TV에서 모바일로 전환되던 과도기의 새로운 문화와도 같아서 문화를 선도한다는 점에서 더욱 매력적이었다.

당시 운영하던 카페의 회원 수는 3000명이 넘었다. 카페를 통해 신청서를 접수, 3일간 25게임을 같이 플레이 하는 면접을 봐야지만 내가 운영하는 클랜에 가입할 수 있었다. 25게임을 채우면 그만이 아니라, 운영진이 별도의 인성도 평가했고 승률이나 FPS 게임이니 KILL/DATH 비율도 평가했다. 10여 년간 운영하며 발전시킨 나름의 면접 기준이다. (단순 게임으로 하지 않고, 마치 창업자의 심정으로 열심히 했던 것 같다.)

클랜 내 최대 회원은 60여 명 정도에 최대 동시 접속자는 40명을 웃돌았다. (당시 FPS 게임은 4명반 보여도 게임 플레이가 가능했기 때문에, 동시 접속자가 40여 명 있다는 것, 그리고 오프라인으로 30명 규모의 정모를 하는 청소년들이 있다는 건 건 쉬운 일은 아니다.)

　이런 일도 있었다. 당시 여성 클랜원의 비율이 상당했고 정기 모임에 모두 모이게 하고 싶었다. 그러나 여성 유저(당시 중학생) 부모님이 이상한 모임이 아니냐며 극구 반대하셨다. 그도 그럴 것이 1박2일 여행은 친구끼리도 가기 힘들던 때였으니 당연하다. 설득 중 어머님이 나와의 직접적인 통화를 원하셨고 통화 끝에 허락을 받아냈다. 그때 그 여성 회원은 지금은 대학교를 졸업했다. 여전히 좋은 관계를 유지하고 있다.

　생각보다 게임 내에서 큰 규모로 모임을 운영한다는 것은 여느 회사 운영, 대학의 과대표와 같은 품이 드는 활동이다. 그래 봤자 게임이 아니었는가, 라고 말하는 기성 세대가 있을지도 모르겠지만 내 생각이 그렇게 허황된 것은 아닌지 유튜브 콘텐츠 중 '공격 대장(게임 상에서 그중에서도 특히 WOW 게임에서 공격대 대장을 일컫는 말) 출신들이 성공할 수밖에 없는 합리적인 이유'라는 영상이 제작된 적이 종종 있다. 백종원 대표님, 최현석 셰프님, 슈카월드(경제 관련 유튜버), 신사임당(경제 관련 유튜버) 등의 분들이 대표적인 케이스로 대변된다.

　운영시 인원들 간의 다툼이나 갈등이 미성년자 때는 더더욱 심했고 또 경쟁 단체에 밀리지 않게 마케팅이나 이벤트 등도 개최해야 했다. 점점 나이를 먹어 가며 입대를 하게 되는 회원들의 관리 등 단체의 방향성이나 신규 유입 등은 나에게 항상 과제였다. 그리고 이런 1차적인 문제를 초월하여 새로운 문화를 선도하고 싶었다.

큰 클랜의 마스터는 대부분 온전히 게임을 즐기지 못 한다. 접속하면 어느 정도의 '일'을 한다. 그리고 나는 그 일을 사랑했다. 그러나 시대상 가정 안에서는 컴퓨터 앞에 항상 앉아있으며 밤새도록 쓸데없는 것을 하는 사람으로 여겨졌다. 이런 체계와 과정이 있다는 사실은 모른 채 말이다.

그래서 내가 좋아하는 일을 하면 할수록 죄책감이 쌓여만 갔다. 죄책감과 자아실현의 간극 속에 몇 년을 버텼다. 그런데 어느 날 클랜을 같이 운영하던 친구들도 대학 입시를 하게 되면서 나에게 "너도 이제 정신 차려, 공부해야지"라는 말을 뱉었다. 가벼운 말이었지만 친구들에게 까지 그런 말을 들으니 사면초가가 된 것 같은 느낌이었다.

클랜을 운영하며 아프리카 방송을 단발성으로 했던 때가 있었다. 시청자가 첫 회에 138명, 다음 날 플랫폼 내 순위는 3000등. 어느 밤 진심으로 고민했던 적이 있다. 내가 지금부터 아빠처럼 공부를 해서 의사가 될 확률과 2999등을 넘을 확률 중 뭐가 더 높을까. 첫 방송이 끝나고 난 뒤 손에 맺혔던 땀이 기억이 난다. 녹초가 될 만큼 힘들었는데, 정말 단발성으로 가볍게 준비한 행사여서 "나 정말 이것보다 몇 배 더 잘할 수 있는데…" 하는 자신감이 있었다.

그러나 진심이든 아니든 친구들이 현생으로 떠나가는 비율이 점점 늘어갈 때, 소신이 흔들렸다. 가정 안에서 이해 받지 못 하는 마음이 함께 클랜을 운영하는 친구들 덕분에 버틸 수 있었는데… 어느 날 "아 내가 잘못 살았구나" 인정했고 살얼음 같았던 나의 활동은 조용히 깊은 곳에 잠겼다. 그때가 20살 무렵이었다.

내 평생의 존재 가치가 사라진 느낌이었다. 모든 게 흥미롭지 않았다. 그때부터는 부모가 나를 평가하는 그대로 내 주변인이 나를 평가하는 대로 '게임'을 하며 은둔했다. 아주 무의미하게 즐겁지도 않게 말이다. 처음엔 그냥 약간의 우울감으로 방에 있었던 것 같다. 언제든 마음 먹으면 다시 시작할 수 있을 줄 알았다. 아니 은둔을 해 본 적이 없으니 그런 생각조차 하지 못 했다. 그러나 눈 깜짝할 사이 2년을 은둔했다. 종종 나와서 새로운 시도를 했지만 번번히 무너졌고, 자신감을 잃어갔다. 서서히 방은 쓰레기장으로 변해가고 가정 안에서의 갈등은 극에 달했다.

군대에 다녀오면 나아지리라 다짐하며 입대 전날까지 은둔했던 생활을 청산하고 입대, 전역 했지만 또 가정에 돌아와서 2~3년의 은둔을 했다. 내 마음과 주위의 지지나 인정이 바뀌지 않았고, 나 역시 진짜 내 마음을 비추기 점점 어려워졌으니 당연히 심해질 수 밖에 없었던 것 같다.

전역 후에는 서울예술대학교에 수시 입학했다. 그나마 경사로 보일 수 있겠지만. 아빠나 주위 시선에서 자유롭기 위해서 "PD가 된다. 영화 감독이 된다"고 나름 편하게 둘러댈 수단을 찾은 것뿐 이다. 입학 후 더 힘 들었는데 나는 너무나 무대 앞에, 활동 전면 에 서고 싶은 사람이었는데 기성 매체에서 스태프 역할만 하게 되 고 그런 수업을 하게 되니까 너무 힘들었다. 연기과와 협업할 때 마다 너무 괴로웠다.

"나는 왜 저 주황색 과잠바를 입지 못 할까?"(연기과의 심볼 색 상이 주황이었다.) 몰래 연기 수업을 청강하거나 교양으로 기초연 기 수업도 듣고, 한동안 일부러 주황색으로 글씨를 쓰곤 했다. (지 금도 가끔 그런다.)

여담인데, 대학 1학년 호기로운 마음에 내 작품에 대한 변호를 하다 담당 교수님께 말실수를 한 적이 있었다. 그래서 어색한 교 수님임에도 불구하고 면담 시에 나에게 진짜 필요한 조언을 해 주 셨던 기억이 난다. "기초 과목만 듣고, 뉴미디어 수업이나 연기 수 업을 들어라. 너는 그게 어울린다." 가장 어색하다고 생각했던 교 수님이 진로 면담에서 그런 이야기를 해주셨던 것이 감사하기도 했고, 그런 기질이 나에게 보이는구나 싶기도 했다.

내 인생은 이제 시작일 뿐이다

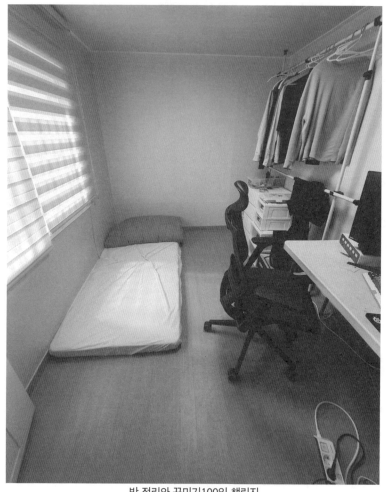
방 정리와 꾸미기 100일 챌린지

쓰레기 방에서 수 없이 살아왔던 과거, 최근에는 이제 방 정리와
꾸미기 습관을 100일째 들이고 있는데, 지금 80일째다. 매일 인증
을 하며 '니트 컴퍼니'라는 프로그램의 회원들과 함께 하는 흐름

인데, 하면서 느끼는 것은, 이 작은 방 하나를 내가 통제하는 연습이 얼마나 큰 삶의 통제력을 길러 주는지 실감하고 있다. 그렇다면 과거에 내가 클랜을 운영했던 일은 더 복합적으로 내 삶에 스킬을 길러 주는 매개였으리라.

지금 나는 열심히 경제활동을 하고 있지만 과거 시절과 비할 바는 못 된다고 자부한다. 배운 적은 없지만 운영하며 필요에 의해 했었던 회의록 기록, 회원 명부, 마케팅, 예산 관리 등은 지금도 자료로 남아 있다. 그것이 세상을 뒤흔들 만큼 앞서 나갔던 활동은 절대 아니지만, 그 당시 어린 나이 참 훌륭하게 진행했다고는 생각한다. 만약 클랜 활동의 부정적인 면들이 기성세대가 흔히 말하는 '공부'에 적용 됐다면 나는 비판받았을까? "밤늦게까지 공부하는구나 건강도 생각하면서 해야지" 걱정 정도 받았지 않을까? 물론 이 이야기는 내 관점의 이야기이기 때문에 부모의 관점도 존재할 것이다.

여하튼 내 관점에서 모든 상황이 과거가 된 지금 복기를 해보자. 사실은 꽤 쓸모 있는 활동이었는데 부모는 기존의 삶과 형질이 많이 다른 나의 활동에 경계했던 것 같다. 이렇게 보면 그냥 안타깝지 않은가? 부모도 부모로서 잘 하고 싶었기 때문에 나를 막았던 것일 테고 나 역시 '나'로서 살아가고 싶었기 때문에 죄책감 속에서도 내 활동을 열심히 했다. 아이러니하다. 그렇다면 부모와 싸우지 않고 살아가기 위해서는 부모 세대도 이해가 되는 활동만을 해야 할지도 모르겠다. 그러나 그것은 내 행복과 거리가 멀다. 어쩌면 나와 가족 간의 개인적인 문제를 넘어 사회의 거대한 바람에 함께 휩쓸렸다고 보는 게 맞지 않을까.

어쩌면 내용이 달랐을 수도 있는 내 과거 이야기이지만, 여전히 내 인생은 끝나지 않았고 부모님의 인생도 끝나지 않았다. 그리고 세상엔 비슷하거나 우리 가정보다 더 위기의 가정이 있을 것이다. 우리는 이제라도 잘하고 싶은 마음에 너무 얽매여 딱딱한 책임감을 갖는 것을 경계해야 하지 않을까? 사실은 모두가 약자였을지도 모르는 우리 가족처럼 말이다.

다들 생각보다 허술하게 살고 있어요

예전 은둔할 때 내일은 나가야지 싶은 마음에 알바 사이트를 들락거렸지만 편의점 알바조차 신청하지 못 했다. 그 이유는 '포스기' 찍는 게 왠지 어려울 것 같아서 매일 그렇게 무서워서 신청 못 하고 그랬다. 누군가를 비하하려는 것이 아니라 요즘 태어나서 처음으로 1년 넘게 일 하며, 그리고 청년 활동가가 거의 나 밖에 없어서 다양한 '선생님' 격의 분들과 만나며 느끼는 것인데, 대표님도 어쩔 때는 바보 같고, 협업하는 대기업 직원 분들도 실수하고 연구자, 상담 선생님, 교수님들도 실수를 많이 하신다. 그리고 맛없는 식당도 여전히 세상엔 많다. 우리는 때때로 정치인은 쉽게 욕하지 않는가. 이처럼 세상의 사람들이 그렇게 허술한 면을 갖고도 살아간다. 우리는 무엇이 그렇게 우리를 완벽하게 하지 못 하면 안 되는 것처럼, 도태되고 큰일나는 것처럼 만들었는지 통찰해 볼 필요가 있다.

물론 겸손한 마음으로 임하고 있지만 종종 생각한다. '뭐야! 나 생각보다 괜찮잖아?'

요즘은 회사에서 내 개인 유튜브 채널을 시작할 수 있게 배려해주고 있다. 시간 나는 대로 준비하고 있는데 아무런 삶의 고비 없이 평탄하고 무난한 삶을 살고 있는 사람들보다는, 남다른 삶을 살았고 그것을 이겨낸 경험은 다른 사람들과는 비교할 수 없는 나만의 스펙이 될 수 있다는 것을 아직도 은둔중인 은톨이들에게 말

은둔고수 정책 토론회

해 주고 싶다.

  말뿐인 스펙이 아니라, 당사자의 경험은 업계에서 너무 소중하
다. 한국은 관련 연구가 불모지에 가깝기 때문에 연구 자문비, 포
럼 참석비 등의 금전적인 혜택도 생길 뿐 아니라, 정책을 만드는
정책 토론회에서도 당사자의 시선은 그 어떤 전문가의 시선 못지
않게 중요하게 여겨진다. 그리고 지금의 나는 그런 흐름들을 아주
엉성하게 조금씩 따라가고 있다. 그렇게 따라가다 보니 강의 의뢰
도 들어오고 대기업과 협업 기회도 생겨서 은둔이를 위한 플랫폼
개발도 하고 있다. 꼭 이런 금전이나 명예적인 것을 제하더라도,
부모님들을 코칭 하는 부모 아카데미나 청소년 방문상담 등을 수
행하다 보면 보람이 정말 크다. 어떨 때는 상담센터나, 병원보다
'은둔고수'라서 경험했으니까 더 잘 알아줄 것이라고 생각해 깊은
고민을 털어놓아 줄 때, 정말 정말 기쁘다. (실제로 누군가를 도울
때의 행복지수가 상당히 높다고 한다.) 그리고 이렇게 달려오다
보니 다시 한 번 사회 안에 내 자리가 생긴 기분이다.
  이 책을 읽는 당사자가 있다면 나와 나 못지않게 열심인 소중한
당사자 동료들과 함께 자리를 지키고 있을 테니 어서 함께할 날을
기대한다는 말을 해 주고 싶다. 사회생활이 너무너무 힘들고 숨고
싶을 때도 많지만 '은둔고수' 와 함께니까 괜찮다.

  영화 〈명량〉에서 이순신 장군님의 명언처럼 "두려움을 용기로

은둔고수 모집 포스터

바꿀 수만 있다면" 우리의 우울함을 에너지로 바꾼다면 우리 개개인의 삶은 스펙이 안 될 수가 없다. 누군가 좋은 스펙이 있는데 본인은 은둔의 공백 때문에 위축되는가? 집에 1년, 3년, 5년, 10년 그 이상을 있어서? 아니, 반대로 그들은 집에서 은둔해 본 스펙이 없는 것이다. 당신의 마음과 당신만의 디테일을 절대 알 수 없다.

어쩌면 우리는 남들보다 예민해서, 민감해서 은둔을 먼저 겪은 것일 수도 있다. 넷플릭스에서 탈영병 잡는 영화 〈D.★P.〉를 얼마 전 보았는데 부조리에 순응하지 못 했던 민감한 사람들의 이야기였다. 내 이야기에서 설명되었듯 나도 예전에 부조리한 문화에 수용을 잘 못 했다. 그리고 그때는 다른 사람들이 정답이었으니까 나는 끈기 없고 버티지 못 하는 게으른 오답이었다.

그런데 이제 이런 영화도 나오고 있고, 코로나 이후 멘탈이나 정신 보건 분야에도 많은 변화가 있을 것으로 예상된다. 앞으로는 민감하고 예민한 '스펙'을 가진 사람들이 나설 수 있는 시대가 되지 않을까?

유승규
K2인터내셔널 코리아의 '은둔고수' 서포터즈 책임자
슬로건은 "은둔 경험은 스펙이다."
'스펙' 이라는 게 너무 포장된 것처럼 느껴지는가? 하지만 난 진지하다.
개인 유튜브 채널을 개설중인데 이번엔 글로, 다음엔 영상으로
당사자와 부모가 이마를 탁 치게 되는 그날까지 열심히 해보겠다.
cbsyyysk@naver.com

은둔형 외톨이에 대해 알아야 할 10가지

-ing(30대 은톨이)

1. 저는 은둔형 외톨이입니다

저는 30대 후반 은둔형 외톨이입니다. 두렵고 망설여지기도 하지만, 저와 같은 경험을 하고 있는 친구들, 그 친구들의 부모님들께 도움이 되고자 제 이야기를 글로 써보려고 합니다.

저는 17살인 고등학교 1학년 때 자퇴하면서부터 은둔형 외톨이가 되었어요. 물론 30대 후반인 지금까지 지속적으로 은둔형 외톨이 생활을 해왔던 건 아니었어요.

17살 때는 할 수 있는 아르바이트를 했었는데 돈도 제대로 못받았고, 사람취급도 제대로 받지 못 한다는 느낌을 받아 다시 은둔생활을 했던 거 같아요.

20대 때는 군대 가기 전까지 거의 집에서 게임만 했어요. 중간중간 일을 하긴 했는데 그 기간도 제 의사와는 다르게 회사가 한 달 만에 폐업, 두 달 만에 폐업… 이런 식이라 돈도 제대로 못 받고 그만둬야 했어요. 그리고는 또다시 집에서 은둔생활…. 물론 이때도 동네친구들이 제 방에 찾아와 놀기도 하고, 어쩌다 한 번 나가서 놀기도 했어요. 나갈 때는 친구들이 어르고 달래서 겨우겨우 끌고 나갔던 거였죠.

그리고는 군대생활을 무사히 마치고 다시 은둔형 외톨이가 되기 싫어서 제 방에 찾아오던 친구들한테 연락해서 전역 다음날 바로 일을 시작하기도 했어요. 그런데 그 일도 오래가진 않았어요. 제 의사와는 전혀 다르게 두 달 열심히 일했는데 갑자기 저뿐만 아니라 일을 소개해 준 친구까지 동시에 일을 못 하게 되었어요. 회사 사정상 거기에서 통째로 빠지게 됐다고 했던 것 같아요.

그리고는 또 은둔생활이 이어졌죠. 이때부턴 '난 안 되나 보다. 진짜 아닌가 보다. 사회에 어울러질 수 없나 보다. 난 뭘 하려고 해도 안 되는 인간. 그럼 그렇지 뭐.' 이런 식의 생각에 빠졌던 거 같아요. 그렇게 또 몇 년….

그러다 29살에 '정말 이대로 30살이 되면 안 되겠다!'는 생각에 다시 밖으로 나가야겠다는 생각을 했어요. 근데 정말 할 수 있는 게 없더라고요. 다행히 군 생활 끝자락에 검정고시로 딴 고등학교 졸업장과 자격증이라 하기는 좀 그런, 운전면허증이 전부였어요.

벗어나고 싶었어요, 정말. 저 같은 사람도 평범한 사람처럼 살고 싶은 마음에 이것저것 알아보다가 국비지원으로 기술을 배워 저 같은 검정고졸도 평범하게 살아갈 수 있게 만들어 준다는 정책을 알게 되어 부모님께 도움을 청해서 도전했는데 그것 또한 쉽지 않았어요. 정말 열심히 했는데도 안 될 거 같더라고요. 제가 잠을 안 자고 무언가에 쏟아 붓는 거 하나는 자신 있어서 하루에 3~4시간 씩 자가면서 코피까지 흘리면서 했는데도 도저히 안 되겠더라고요. 자신이 없어졌어요. 그래서 취업성공패키지까지 다 이수하고 국비지원을 그만두고 그 교육과정도 멈췄어요. 다른 방법을 알아봐야 될 것 같았어요.

그런데 할 수 있는 게 없었어요. '생산직 공장을 들어가 볼까?' 자신이 없었어요. 아니 싫었어요. '면허증은 있으니까 운송이나 운수업종을 해볼까?' 면허만 따놨지 운전을 해본 적이 없어서 이것 또한 자신이 없었어요. '그럼 몸뚱이 밖에 없네?' 몸 써서 돈을 벌어야 할 거 같았어요. 그런데 제 몸은 이미 망가져 있었던 거예요.
컴퓨터 앞에서 잘못된 자세로 오랜 시간 앉아서 지내와서 그런지 체중은 체중대로 줄어 있었고 무릎도, 허리도 온전하지 않은 것 같았어요. 일본 애니 〈데스노트〉에서처럼 주인공 'L'의 자세로 컴퓨터를 했었거든요.

그래서 몸부터 만들어야겠다는 생각에 집에서 운동을 했어요. 하루에 시간을 정해놓고 처음에는 10분 하던 게 30분, 30분 하던

게 1시간, 1시간 하던 게 2시간… 이렇게 운동을 했던 거 같아요. 몸에 근육도 붙고 자신감도 생겼어요. 그렇게 몸을 만들고 가족의 도움을 받아 다시 구직을 했어요.

구직을 하고 나서도 꾸준히 운동은 지속했었고 회사생활도 이어졌죠. 그렇게 1년이 지나고 2년이 지나고 3년, 4년….

운동은 2년차까지는 지속해 오다가 다치는 바람에 멈췄고, 회사생활은 3년차까지 잘 이어왔어요. 그렇게 3년을, 잘이라면 잘 지내왔다 싶었어요. 제가 은둔형 외톨이였다는 것도 이제는 잊을 만큼….

그렇게 3년을 잘이라면 잘 지내왔다 싶었어요. 그렇게 3년차 회사생활을 하다가 어느 날부터 내가 하고 싶은 일, 하면서 보람을 느낄 수 있는 일, 활동성 있는 일을 하고 싶어졌어요.

대략 1년 동안은 무엇을 해야 될지, 정말 내가 하고 싶은 일을 시작해도 괜찮을지 걱정이 되기는 했어요. 그래도 하고 있던 '이 일이 정말 내가 살고자 했던 일이 맞는지? 더 늦기 전에 내가 하고 싶은 일 해야 되지 않을까?' 고민을 정말 많이 했어요. 그래도 더 늦기 전에 결정해야겠다 싶었어요.

그렇게 마음 독하게 먹고 4년차 되었을 즈음 퇴사를 하게 되었습니다. 그리고 한 일주일에서 한 달쯤 푹 쉴 계획을 짜놨었어요. 1년 동안 고민하면서 회사생활 할 때 여러 가지 일이 생겨서 엎친 데 덮친 격으로 과민성대장증후군, 얼굴경련이 생겼었거든요. 안 좋았던 무릎이랑 허리도 더 안 좋아졌다는 게 느껴졌어요. 사실 '은둔형 외톨이인 내가 그게 아닌 척 사회에 섞여 있다가 터진 병이 아닐까?' 하는 생각이 들기도 했어요.

그래서 다시 천천히 운동을 시작했고, 회사생활 2년차에 운동하다 허리를 다친 경험이 있어서 최대한 조심하면서 운동을 한다고 했는데 또 허리를 다쳐 버렸어요. 난감했죠.

처음엔 그냥 살짝 삐끗한 것이라 생각하고 싶었어요. 근데 며칠이 지나도, 몇 주가 지나도 살짝 삐끗한 건 아니었던 거 같아요. 주위에서는 "병원 가서 수술 받으면 될 일이다"라고 쉽게 얘기했어요. 맞아요. 그게 정답이죠.

근데 4년 동안 일해서 제가 모은 돈은 정말 얼마 안 됐어요. 흥청망청 쓴 것도 아니고 사치를 부린 것도 아니었는데 모여진 돈은 정말 얼마 안 되더라고요. 그런 돈을 병원에 쓰고 싶진 않았어요. 수술한다고 완치된다는 보장도 없고 무섭기도 하고… 여러 가지 생각이 들었어요. 그래서 집에서 찜질하고 마사지하고 버텼어요.

그랬더니 일상생활 할 만큼은 괜찮아졌어요. 그런데 30분 이상 오래 앉아 있으면 통증이 있었고 힘쓸 일이 생기면 왠지 모르게 불안했어요.

그렇게 또 집에 있으면서 과민성대장증후군란 게 도졌어요. '뭘 먹는다는 게 불안한 병'이라고 해야 되나? 밖에서 활동하기엔 정말 불안한 게 한두 가지가 아니었어요.

그렇게 지내다가 최근에는 가족 일을 도울 일이 생겨서 대략 1년 정도 일을 도왔어요. 가족 일을 하다 보니까 이런저런 저의 개인적인 부분들을 다 이해해 주면서 일을 해서 가능했던 거 같아요. 그리고는 현재네요.

저는 17살, 18살 때 빼고는 항상 지인 소개 또는 가족들과 연관된 일만 해왔어요. 저는 일을 구하는 방법을 모르겠어요.

"왜 몰라? 알바천국, 알바몬, 잡코리아, 파인드잡, 워크넷, 사람인, 고용노동부 등등 여러 구인사이트에서 구직등록을 하거나 이력서를 보내거나 전화를 하거나, 요즘은 카카오톡으로 신청하면 되는 거 아니야? 왜 알면서도 모른대? 하면 되잖아!"라고 할 수도 있겠지요.

저도 잘 모르겠어요. 현재 일을 안 하면 안 되는 상황이고, 일을 해야 된다고 절실히 생각해요. 그래서 생각했던 일들이 검정고졸에 운전면허증으로 할 수 있는 일인 생산직 공장, 현장 막노동, 택배업, 운송업, 경비보안업, 서비스업 정도가 생각나네요. 지금까지 경험해 온 일도 그렇고, 제가 할 수 있는 일을 고르라면 현장 막노동이나 택배업, 생산직 공장을 선택해야 하는데 우선 제 몸이 못버텨줄 거 같아서 자신 없어요.

먹고 살려면 뭐라도 해야 하는데… 해야 하는게 맞는데… 자신이 없어요. 일을 다시 시작한다 해도 얼마 하다 못 버티고 다시 집에 틀어박히는 것도 무섭고요. 현 상태에서 몸을 더 다치는 건 더 더욱 무섭고요.

'안 하는 것보다는 그래도 해보고 후회하는 게 맞다'고들 하는데 저는 그렇게 되면 자존감만 더 잃고 고꾸라질 것만 같아요. '어떻게 사람이 살면서 하고 싶은 것만 하고 사냐?'고 하는데 배가 부른 건지 양심이 없는 건지, 저는 일을 하면서 보람을 느끼고 싶고 재미를 느끼고 싶고 행복하고 싶어요. 어느 누구든 어느 누구든 그렇지 않을까요? 먹고 살려다 보니 어쩔 수 없는 거지.

아무리 생각해도 그걸 모르겠어요. 인터넷에 유망직업, 유망기술, 배워두면 먹고는 산다고 하던데…. 요즘 보면 4차산업이다 뭐다, 코로나로 인한 비대면 서비스, 4차산업혁명이 앞으로 한 단계 더 앞당겨졌다… 이런 말들을 보면서 '과거에도 뭘 해야 할지 정하지 못 하던 내가 미래를 읽고 거기에 맞는 직업을 갖기 위해 이 나이에 준비를 한다고? 당장 먹고 살 문제도 걱정해야 하는 내가?'라는 생각이 들기도 해요.

이렇게 고민이 하루가 지나가고… 뉴스 말고는 주위에 들려오는 여타할 소식이나 정보도 없고. 그렇게 인터넷, 유튜브 등을 떠돌다 나와 같은 사람들을 돕는 단체 이야기, 정책이 실행되고 있다는 이야기를 알게 되었어요.

'아~ 나도 좀 도움받고 싶다'는 생각이 먼저 들었죠. 그런데 제 나이에는 도움받기 힘든 부분들도 있는 것 같더라고요.

그렇게 생각하고 있다가 '그럼 내가 나와 같은 사람들, 또는 그 주변사람들을 돕고 싶다'는 생각이 들었어요. 저는 현재도 경험하고 있는 경험자니까요. 분명 도움이 될 거라 생각했고 'K2인터내셔널코리아'에서 진행중인 〈은둔고수〉라는 프로젝트가 있다는 것을 알게 되었고 그 분야에서는 "은둔 경험도 스펙이다"라는 말이 저를 끌어당겼어요.

근데 지금 단체들도 정부지원이 어려워서인지, 자비 또는 그 주변인들이 운영하는 거라고 느껴져요. 그래서 제가 이것으로 제 직업을 삼고 살 수 있는 것인지 궁금해요.

저는 나와 같은 사람들과 그 주변 분들을 도우면서 생계를 유지하며 살고 싶어요. 저에게 그 방법과 방향을 좀 알려주세요.

2. 멀쩡하던 우리 아이가 왜?

저는 17세 고등학교 자퇴 이후 은둔형 외톨이가 되었습니다. 중간 중간 벗어나기 위해 여러 가지 시도도 해보았고 현재 상황에 다시 처해지게 된 은둔형 외톨이입니다.

저는 지극히 멀쩡하다면 멀쩡한, 지극히 평범한 집안에 지극히 평범한 아이였어요. 초등학교, 중학교 시절 이렇다 할 사건 사고

없이 지내왔고, 주변에서도 칭찬과 모범이 된 적도 많았던 아이였어요. 성적이 좋았던 적도 있었고 친구들과 어울리다가 성적이 떨어진 적도 있었지만 항상 중간 정도는 유지했던 것 같아요.

주변 분들로부터 "너는 노력만 하면 되는데 노력을 안 하는 아이다"라는 소리도 많이 들으며 자라왔던 것 같네요. 부모님 말씀도 잘 듣는 편이었고, 선생님 말씀도 잘 듣고, 땡깡이나 고집 같은 것도 부린 적 없이 자라왔던 아이였어요.

그런 아이였던 제가 고등학교 진학 문제로 처음으로 고집을 부려 부모님이 원치 않는 학교에 진학하게 되었어요.

저는 자신이 있었어요. 부모님께서는 인문계 학교를 원하셨고 저는 공업계 학교를 원하면서 전액 장학금도 받으며 대학진학부터 취업까지 문제없이 진행될 거라 말씀드렸고, 그렇게 될 거라 굳게 제 자신을 믿고 있었어요.

저는 부모님께 자랑스러운 아이가 되고 싶었어요. 어디 가서도 '우리 아이는 이렇다' 하면서 당당해 하실 수 있는 부모님으로 만들어 드리고 싶었어요. 그러기 위해서 중학교 때 학습방식으로는 안 될 것 같아, 친구들과 어울리기 좋아하던 저는 선생님과 칠판이 가장 먼 맨 뒷자리에서 선생님과 칠판이 가까운 맨 앞자리로 자리도 바꾸고, 정말 내딴에는 열심히 공부했어요.

그렇게 고등학교 첫 시험을 치르고 장학금 결과를 기다리고 있었어요. 그런데 아무리 기다려도 선생님께서는 장학금에 대한 언급을 하지 않으셨어요. 제가 알고 있는 성적으로 보았을 때는 평균점수도 상당히 높은 편이었고, 충분히 이 정도 성적이면 장학금을 받을 거라고 부모님께 큰소리 떵떵 쳐놨었거든요. 제가 너무 자만했던 거였죠. 내가 노력을 하면 다른 애들보다 월등할 거라고 생각하다가 확! 꼬꾸라진 거죠.

실망이 컸습니다. 장학금을 받는 아이들이 저보다도 훨씬 더 월등하다고 느꼈던 거 같아요. 다른 아이들 같았으면 다음번에 더 열심히 해서 꼭 장학금을 받겠다고 마음을 먹고 더 열심히 공부했을 거예요. 선생님께서도 "조금만 더 노력하면 다음번에 너도 장학금 받을 수 있을 것"이라고 말씀해 주셨죠. 그런데 전 그러지 못했어요. 왜 그랬는지는 지금 생각해 봐도 잘 모르겠어요. 그렇게 맨 앞자리에서 맨 뒷자리로 갔어요. 다시 중학교 때와 다를 거 없이 친구들과 어울리기 시작했죠.

그런데 그게 그때부터 어그러진 것 같았어요. 친구들과 어울려 놀면서도 '이게 내가 원하던게 아닌데…, 내가 이러면 안 되는데…, 부모님께 너무 죄송스러운데…'라고 생각을 하면서도 그 죄책감을 잊기 위해 친구들과 더 어울렸던 거 같아요.

그러다 학교도 하루 이틀 빠지면서 친구들과 어울려 놀게 되었고 그런 생활들을 반복하는 도중에 갑자기 싫증이 느껴지더라고요. 그러고는 친구들과 어울리지 않고 집으로 들어와 틀어박혔어요.

어느 누구도, 어떤 사람도 제가 이렇게 될 거라고는 생각도 못했던 거 같아요. 그렇게 하루 이틀 학교를 빠지다가 결국엔 학교에서 장기 미출석으로 인해 퇴학처리 된다고 퇴학처리를 원하지 않으면 부모님과 같이 와서 자퇴신청을 하라고 하시더라고요.

그땐 정말 부모님께 죽을죄를 짓는 거 같았어요. 부모님 얼굴을 도저히 쳐다볼 수가 없겠더라고요. 그때부터는 학교를 안 가는 아이에서 방 안에서 나오지 않는 아이가 되었어요. 철저하게 혼자서, 어울려 지내던 친구들과 연락도 끊은 채, 부모님과의 소통도 끊어버린 채….

그렇게 시간을 보내는데 저를 찾아와주는 친구들이 있었어요. 연락을 해도 안 받으니까 저희 집으로 무작정 찾아와서 같이 시간을 보내줬어요. 고마우면서도 한편으로는 밀어내고도 싶었지만, 이렇게까지 해주는 친구들한테 그럴 수 없었어요. 그렇게 다시 친구들과 조금씩 밖으로 나갈 수 있게 되었고 아르바이트도 하게 되었어요. 그렇게 저는 다른 친구들과는 조금 다른 방법으로 다시 사회에 섞여 가는 것 같았어요.

그런데 미성년자였던 저는 사회에서 뽑아먹기 좋은 먹잇감에 불과했던 기 긴 거 같아요. 그내 당시에는 미성년자 아르바이트가 불가능했던 시절이었어요. 물론 아르바이트를 오래 할 수 있던 일도 별로 없었어요.

저는 열심히 성실하게 한다고 노력했는데 미성년자인 저에게 사회는 그렇지 않았어요. 이제 막 시작하는 개업점에서는 사람 구하기 급하니까 미성년이고 뭐고 상관없이 일할 손이 부족하니까 구해놓고, 싼값에 부려먹다가 장사가 잘 되지 않자 폐업 핑계로 자르고, 일했던 돈도 제대로 주지 않았어요.

이런 일이 반복되다보니 사회에 섞이는 게 무섭기도 하고 무의미하다고 느꼈던 거 같아요.

'열심히 땀 흘려서 일해도 돌아오는 건 욕설과 비하뿐이구나…' 학교도 안 다니는 비행청소년으로 취급받아 서러운 게 많았습니다. 전 잘못한 것도 없었는데…, 잘못한 게 있다면 학업에 충실하지 못 했다는 것과, 부모님께 드려서는 안 될 실망감과 상처를 드린 건데…. 이게 사회에서 욕을 먹고 비하 당할 일은 아니라고 생각했어요.

하다못해 학교를 다닐 때 좋아해주시던 친구들의 부모님도 "○○이랑 어울리지 마라!" "○○이처럼 되면 어떻게 하려고 그러냐!" 제가 있는데 들을 수 있게…, 아니 들으라고 말씀하셨어요. 맞는 말이예요. 저랑 어울리다 보면 친구가 저의 상황을 보고 좋게 생각하고 행복해 보인다고 착각해서 저와 같은 길을 갈 수도 있는 거니까요. 부모님 마음은 다 같잖아요.

그렇게 빨리 나온 사회에서 상처받고, 나를 좋아해 주던 사람들한테도 상처받고, 처음 보는 사람들까지 저를 잘못된 사람, 옳지 않은 사람, 나쁜 사람으로 보는 시선들로 느껴졌어요. 사실 그렇게 보기도 했었고요. 그러다보니 사회가 무서워졌고, 사람이 무서워졌고, 세상이 싫어졌고, 모든 게 다 싫어졌던 것 같아요.

그렇게 방에서 1년… 2년… 3년… 시간이 어떻게 가는 줄도 몰랐어요. "계절이 바뀌기는 했나?" "어! 좀 춥네?" "어! 좀 덥네?" "배가 고픈 건가? 아닌 건가?" 하나씩 하나씩 시간도, 감각도 무뎌져 갔어요.

이렇게 저는 저희 집 방 안에 처박혀 컴퓨터랑 의자와 하나 되어 어둠이 오히려 익숙하고 편한 은둔형 외톨이가 되어갔어요.

3. 집밖은 너무 무서워요

저는 집밖이 너무 무섭고 두려워요. 사람의 시선도, 사람들과 마주쳤을 때 맴도는 공기도, 내가 어떠한 행동을 했을 때 돌아오는 일들….

어떻게 해야 할지 모르겠어요. 이게 맞는 건지 틀린 건지? 옳은 건지 옳지 못 한 건지? 좋은 일과 나쁜 일, 옳고 그름, 선과 악, 이건 문제가 아니에요. 은둔형 외톨이를 무슨 잠재적 범죄자로 말하기도 하던데, 이건 정말 은둔형 외톨이가 뭔지나 알고 하는 말인가 싶어요.

저의 행동 아주 소소하고 작은 것 하나하나가 조심스럽게 변해 버렸더라고요. 예를 들자면 현재 전세계적으로 코로나19 위기상황이잖아요. 제가 겪었던 세상은 코로나19 이전에는 그저 평범하디 평범한, 조금씩 조금씩, 하루하루 변해가는 세상이었어요.

그런데 지금 현재는 외출할 때 마스크는 필수인데 그것조차도 익숙하지 않아요. 편의점을 가더라도 이젠 무인계산기를 이용해야 하는데, 머리가 새하얗게 변하고 등에서는 식은땀이, 동공에는 지진이 나더라고요.

식당에서도, 패스트푸드점에서도, 커피숍에서도, 병원에서도, PC방에서도… 마주하게 되는 키오스크요. 제가 이걸 전부 경험한 건 아니고 일부는 검색을 살짝 해봤어요.

나이 드신 할머니, 할아버지께서도 아무렇지 않게 이용하고 계시는데 전 그 앞에서 당황하고 얼어버리게 되더라고요.

"모르면 물어보면 되지. 아무리 그래도 주위에 사람 한 명 정도는 있잖아. 아니면 거기에서 일하고 있는 직원 한 명 정도는 있을 거 아니야!" 하실 수도 있지요. 하지만 저는 사람한테 물어보는 게 키오스크를 마주했을 때보다 더 어렵고 무서워요.

'내가 하는 말을 이 사람은 이렇게 생각하겠지?' 하고 혼자서 망상의 나래를 펼치게 되더라고요.

"젊은 사람이 이런 거 하나도 제대로 못 해?" "헐~" "와~ ㅈㄴ 얼빵하네." "너님 사회생활은 가능하세요?"

"네, 못 해요. 불가능해요. 못 하겠고 모르겠으니까 물어보는 거지, 이런 것도 알려주고 그러라고 너님도 여기에서 있는 거 아니에요?"

이렇게 좋지 않은 생각들과 좋지 않은 느낌들만 한가득 안고 집으로 돌아와 다시 방 안에 처박히게 되더라고요.

물론 사람들이 그렇다는 건 아니에요. 제가 느끼고 생각하는 게 그렇게 되어버렸다는 거예요.

만약에, 정말 일어나서는 안 되고, 그럴 일도 웬만하면 없겠지만, 제가 생각하던 일이 실제로 벌어진다면… 이런 경험을 실제로 겪는다면… 저는 그냥 방 안에 들어와 씩씩대고 혼자 화내며 처박히는 정도가 아니라, 더 깊은 어둠속 구렁텅이에 빠져 버렸을 거예요.

현실에서 그럴 확률은 정말 말도 안 되게 적죠. 어딘가에서 주워들었는데 '이불 밖 세상은 우리가 생각한 것보다는 안전한 곳'이라고 하더라고요. 저도 아직은 못 믿겠지만요.

그리고 이런 경우가 있었어요. 타인이 정말 악의는 1도 없이 내뱉은 한마디가 저에게는 엄청 쓰라리고 아프게 다가오는 경우들 말이에요.

"젊은 사람이 기계를 잘 못 만지나 보네. 이렇게 하면 돼, 허허허

(호호호)."

그냥 나이 드신 할아버지(할머니)께서 그냥 선의로 도와주시겠다고 한 말씀과 행동이죠. 별거 아니에요. 악의도 없잖아요. 그런데 저한테는 좋게 느껴지지 않았었던 거 같아요.

'난 이런 거 하나도 제대로 못 하는 사람이 되어 버렸구나. 난 이제 정말 세상에 쓸모가 없는 사람이 되었나보다.'

'예전에 저는 처음 마주치는 거라도 직접 부딪혀보고, 안 되면 다른 방법으로 시도도 해보고, 안 되면 물어봐서라도 해결하던 사람이었던 것 같은데, 지금은 온갖 망상에 빠져 사람들 눈치나 보고 일찌감치 회피해 버리는 이런 사람이 되어 버렸구나.'

그렇게 낙심하고 또 다시 방으로 들어가 문을 걸어 잠그게 되더라고요. 그냥 좋은 느낌 받고 싶어서, 모처럼 정말 큰 용기내서 세상에 한 발자국 디뎠었을 뿐인데…. 그냥 나란 사람도 리프레쉬하고 싶었던 것뿐인데….

이런 생각을 해본 적도 있었어요. SF애니메이션이나 SF영화를 보다 보면, 흔히 말해 온라인게임이나 모바일게임에 많이 있는 펫 기능 있잖아요? 그런 게 내 어깨 위에 따라 다녀주면서 제가 모르는 건 알려주고 이게 옳은지 옳지 않은지 어떻게 해야 하는 건지 잘 모르거나 막히는 부분이 있으면 알려주면 좋겠다 싶었어요. 일상 내비게이션(?)이라고 해야 되나? 아무튼 그런 게 있었으면 좋겠다는 생각을 했던 적이 있어요.

이걸 한 번 더 생각해보면, 저는 나에게 무조건 내 편에서 들어 주고 나의 성향을 생각해서 말해 주는 사람의 도움이 필요한 거 같아요. 나를 생각하고 이해해 주면서 말해 주는 사람이요.

저는 우선 실패했었고, 상처받았었고, 의지를 내려놓아 버린 경험이 있는 사람이잖아요. 또 다시 도전을 한다면 그것을 꼭 성공하고 싶었고, 어떠한 경험과 인간관계에서도 상처받기 싫었고, 무엇인가를 하겠다면 그 의지를 놓고 싶지 않았어요. 현재도 그렇고요.

그런데 그 모든 게 무섭고 두려운 거 같아요. 도전을 하기도 전에⋯, 어떠한 경험이나 인간관계를 맺기도 전에⋯, 의지를 갖기도 전에 모든 이 자신도 없고, 방법도 모르겠고, 내딴에는 더 이상 가족들과 주변사람들에게 피해를 주고 싶지 않아 내 선에서 해결하고 싶은데⋯.

아무것도 모르겠어요. 그 방법을 옳게 찾아서 은둔형 외톨이 생활을 종지부 찍은 사람들도 있긴 있는 것 같더라고요. 그런데 그런 사람들은 자신이 과거 은둔형 외톨이라는 걸 숨기는거 같더라고요. 과거에 은둔형 외톨이였던 건 두 번 다시는 떠올리고 싶지도 않고 돌아가고 싶시도 않을 거니까요. 저였어도 그럴 거 같고, 저도 세상 밖에서 섞여서 지낼 때는 절대 티 안 내려고, 절대 내가 과거 은둔형 외톨이였다는 걸 들키지 않으려고 엄청나게 노력했었거든요.

그러니 이미 빠져나간 사람의 성공사례를 도움삼아 나아가고 싶어도 그럴 수 없는 거 같아요. 저는 그냥 의지박약, 유리 멘탈, 노력도 안 하고 게을러 터진 백수, 쫄보(겁쟁이), 히키코모리(은둔형 외톨이)라는…, 사람들의 인식 속에 있는 사람이니까요. 세상 모든 것이 무겁고 두려워요.

4. 은둔형 외톨이의 사회경험담

저는 고1 때 자퇴 후 남들보단 조금 빠른 여러 차례 사회경험, 그 이후 20대 초반에 한두 차례의 사회경험, 20대 중반 늦은 군복무(사회복무요원) 이후 너무나도 짧았던 사회경험, 서른이 되기 전 발버둥친 사회경험, 30대가 되어서야 사회경험다운 사회경험을 했었어요. 차례대로 한번 나열해 볼게요.

10대 – 자퇴 후 사회경험은 정말 말도 하기 싫어요. 최악이었어요. 쓰라린 상처와 아픔, 그리고 사회의 악순환, 나쁜 편견들만 가득 안고 처절하게 집으로 틀어박혀 온라인게임만 주구장창 했었어요.

20대 초반 – 사회에 대한 불심만 가득했었고 나쁜 편견들로만 가득 차 있던 때라 거의 집에만 있다가 어느 날 갑자기 친구들이 제 방에 쳐들어와 먹살 잡혀 개 끌려가듯이 끌려나와 일당직으로 일했었어요. 거기서는 수당도 괜찮았고 같이 일하던 사람들도 또래들이었고 돈도 일 끝나면 바로 주니까 즐겁게 지냈던 것 같아요.

그런데 근무시간도 너무 길었고 일도 엄청 힘들었어요. 그래도 몇 개월 간 다녔던 것 같은데 친구들이 방학 때 같이 시작한 일이라 한 명 두 명 학업으로 돌아가고 저도 덩달아 집으로 처박힌 거 같아요. 정말 지금 생각해 봐도 한심하네요. 그 친구들과 저는 엄연히 다른 길을 가고 있었는데 말이죠. 그때는 잠시 큰 착각을 했었던 거 같아요. 그 친구들과 다르지 않은 입장이라고요.

20대 중반 - 군복무(사회복무요원)로 좋은 사람들도 만나고 좋은 경험들도 하고 이리저리 많이 부딪히고 깨지며 마음에 상처가 벌어졌다가 붙었다가를 반복했던 시절이었어요. 전 그래도 그나마 좋은 사람과 좋은 경험들 덕분에 무사히 군복무기간을 마쳤고 '다신 은둔생활을 하지 않으리라' 굳게 마음을 먹었기에 곧바로 직장을 구해 사회경험을 했었어요. 물론 배움도 짧은 데다 경험이라 할 것도 없었기에 그냥 공사장 잡부였었죠. 그래도 뭐 어때요? 젊고 몸도 건강한데!

열심히 일했어요. 새벽 일찍 나가서 땀 흘려 일하고 퇴근해서 친구들과 술도 한 잔 기울이고… 좋았어요. 그런데 어느 날 갑자기 저희가 속해 있던 회사 자체가 빠진다고 친구들까지 몽땅 일자리를 잃게 되었어요. 머리가 멍~ 했어요. 어이가 없었죠. 군 생활 마치고 바로 일하게 되서 너무 기뻤고 이제는 버젓이 일해서 모은 돈으로 하고 싶은 일들도 엄청나게 계획해 둔 상태였으니까요. 그렇게 하루아침에 다시 백수가 되었고 거기에 대한 상실감에 다시 집구석으로 처박혀 버렸어요.

30살을 코앞에 두고 - 진짜 그냥 어느 날 갑자기 문득! '아 정말 이대로는 안 되겠다' 하는 생각이 들고 발등에 집채만한 커다란 불똥이 떨어진 기분이었어요. 다급해졌어요. 이대로 이렇게 살다가는 정말 나락으로 떨어질 것만 같았어요. 정말 말 그대로 뭐라도 해야 할 것 같았어요.

때마침 가족분이 괜찮은 일자리가 있다고 하셔서 고민 없이 바로 들어갔어요. 정말 미친 듯이 일했죠. 이젠 머리도 컸다고 생각했고, '정신 차리자' 생각했었으니까요. 정말 이때처럼 열심히 일을 해본 적은 없었던 거 같아요. 인정도 받고 싶었고 성공도 하고 싶었어요. 이번만큼은 기필코 해내리라! 정말 누구보다 열심히 일했어요.

그래서 인정도 받았고 그랬는데…, 알고 보니 회사 대표가 사기꾼이었어요. 정신줄을 놓친 듯했어요. 정말 미칠 것만 같았어요. 그때 심정으로는 다 뒤집어 엎어버리고 싶었어요. 그러지는 못 했죠. 제가 뭐라고….

정말로 허망했어요. 돈도 안 준다는 걸 어거지로 몇 번이고 찾아가서 받아냈던 기억이 나네요. 일을 했는데 돈을 받지 못 한다는 건 이제는 정말 참을 수 없는 일이었거든요. 결론적으로는 돈도 일을 한 만큼은 받지 못 했어요. 이렇다고 제하고 저렇다고 제하고….

그렇게 다시 집에 처박혀 있다가 전문적으로 무!언!가!를 배워야 겠다고 생각했어요. 몇 날 며칠을 찾고 또 찾고 고민하다가 '국비지원교육'이라는걸 알게 되었고 그 무!언!가!를 정말 열심히 파고들어 공부를 했어요. 국비지원 교육학원에서 상담 받을 때 분명 여러 차례 묻고 되물어도 검정고졸자도 충분히 가능하다고, 영어를 못 해도 크게 상관없다고, 할 수 있다고 했었거든요.

정말 밤잠 아껴가며 쌍코피 터져가며 열심히 공부했어요. 그런데 수업진도를 따라가지 못 하겠더라고요. 망했어요. 학원에서 진짜 얼굴에 철판 깔고 강사님한테 거머리처럼 붙어가며 잘하는 사람한테 온갖 친한 척 해가며 물어보고 했는데도 안 되겠더라고요. 정말 이때 제 성격에 어떻게 처음 보는 강사나 사람들한테 그렇게 붙임성 있게 들러붙었었는지는 지금 생각해 봐도 신기하네요.

그리고는 집으로 다시 처박혔어요. 그래도 이때는 운동을 병행하고 있어서 건강한 운둔형 외톨이였던 것 같아요.

30대 초반 - 저는 항상 벗어나고 싶었어요. 그래서 이때도 가족들에게 도움을 청했고 도움을 주셔서 안정적인 직장에 들어갔어요.

급여는 그냥 보통이었고 일도 그렇게 어렵진 않았어요. 마냥 열심히 일했어요. 근데 그런 거 있잖아요. 자신을 온전히 갈아 넣어도 열심히 일한 티가 안 나는 일 말이예요. 그래서인지 회사에서도 제가 열심히 일하는지 모르더라고요. 그래도 회사생활을 잘 이어가고 있었어요.

그때의 문제는 단지 제가 은둔형 외톨이라는 과거를 갖고 있는 거였어요. 같이 일하는 사람들이 모르게 숨기는 게 힘들었던 거 같아요. 은둔형 외톨이었던 과거를 숨기기 위해서 정말 하기 싫은 거짓말도 해야 됐었어요. 대단한 거짓말은 아니고 그냥 사실에 양념을 좀 많이 쳤다고 해야 하나요?

근데 진짜로 거짓말 한 가지를 감추기 위해 7가지의 거짓말을 더 해야 하더라고요. 그냥 나온 말이 아니더라고요. 양심에 가책도 느껴지고 내내 힘들었던 거 같아요. 겉으로는 아무렇지 않은 척, 괜찮은 척 해야 했었지만 속으론 타들어가는 거 같았어요.

이때 술도 참 많이 마셨어요. 스트레스가 일적인 부분 말고도 혼자서도 차곡차곡 쌓여 갔어요. 계급사회, 직장 내의 편 가르기, 직장 내의 정치, 부조리, 뒷담화, 직장 내의 왕따 등등 많은 것을 보고 경험했어요. 일반인들에게도 그렇겠지만 은둔형 외톨이였던 저에게는 정말 견디기 힘든 시간들이었어요.

그렇게 하루 이틀, 한 달 두 달, 1년 2년 3년 4년…. 근데 이게 결국 제 안에서 축적되어 있던 스트레스들이 안면경련과 과민성대장중후군을 남겼고, 저는 다른 직업을 찾기 위해 퇴사를 하게 되었어요.

저는 이런 사회생활을 해오다 다시 은둔하게 된 30대 후반 은둔형 외톨이에요. 어떤 면에서 보자면 은둔형 외톨이가 아니라고 생각하실 수도 있을 거 같다는 생각이 드네요. "당신은 그래도 집밖으로 나왔고, 어찌 됐든 사회생활을 했었잖아?"라고 하실 수 있을 것 같아요.

저는 지금 현재 꽤 오랜 기간, 정말 필요로 인한 활동 말고는 밖으로 나가지 않는 은둔형 외톨이에요. 현재는 나이가 있다 보니 친구들과 연락하기도 힘든 상태이고, 가족들은 은둔형 외톨이가 뭔지도 모를뿐더러, 저를 그렇게까지는 생각하지 않으시는 것 같아요. 그냥 저를 꾸준히 믿어주고 계신 거겠죠.

정말 하루하루가 죄스럽고 죄송스러워요. 매일같이 잠이 오지 않아 허우적대고 잠에 들기 전엔 항상 이유 모를 눈물을 흘리며 지치듯이 잠들고는 해요. 잠에서 깨기 싫어 필요에 의하지 않으면 눈을 뜨고 싶지가 않아요. 그냥 이대로 쭉 잠들면 좋겠다는 생각이 들 만큼…. 제가 꿈을 잘 꾸는 편인데 꿈속은 참 재미있거든요. 꿈속은 항상은 아니지만 그래도 즐거워요.

하지만 저를 믿어 주시는 가족들을 생각하며 눈을 떠요. 그리고는 웃어요. 가족들 앞에서 웃으려고 애쓰는 거죠. 제 본 감정을 숨기기 위해서요.

저는 은둔형 외톨이 생활의 종지부를 찍을 수 있는 방법을 찾기 위해 제 나름 열심히 활동하고 있어요.

그런데 저는 방법을 잘 몰라요. 생각만 수도 없이 해봤지 실행으로는 잘 못 옮겨요. 계획까지는 정말 기가 막히게 짜는데 실천을 잘 못 해요.

정말 우연히 은둔형 외톨이를 위한 정책이 있다는 것도 불과 얼마 전에 알게 되었어요. 은둔형 외톨이를 위한 사회적 기업이 있는 것도 몰랐어요. 'K2인터내셔널' 같은 단체가 존재하는 것도 몰랐어요. 만약에 은둔형 외톨이를 위한 〈은둔고수〉 프로젝트라는 게 있다는 걸 진즉에 알았으면 아마 한번 신청해 보았을 거예요.

5. 방 밖으로 나오게 된 계기

저는 현재 가족들과는 일반 가정의 아들들과 같이 별 불편함 없이 지내고 있어요. 저는 농담도 많이 하고 장난도 치며, 제가 오히려 가족들 싸움을 중재하는 역할을 하고 있다고 생각해요.

물론 저도 처음부터 이렇지는 않았어요. 방 안에서 불도 꺼놓고, 빛 한 줄기 들어오지 않게 커튼도 쳐놓고, 낮인지 밤인지도 모르게 밤낮 안 가리고 온라인 게임만 하면서 시간을 보냈었어요. 가족들과 소통도 전혀 없었고, 그게 잘못하고 있는 건지 어떤 건지 생각도 안 하고 그냥 시간만 죽이며 생활을 이어갔어요.

가족들 속이 새까맣게 타들어 가든 말든…. 그때는 가족들조차 완벽하게 타인이라 생각하고 완전히 분리해 버렸던 거죠.

저도 처음에는 이렇게 되어 생긴 죄책감에 면목도 없고 드릴 말이 없어서 피하게 된 것 같은데, 점점 밥만 먹고 자연스레 방으로 들어가게 되더라고요. 밥을 먹는 것도 가족들과 함께 먹는 느낌도 아니었어요. 좋아하던 반찬도, 맛있는 음식도 눈에 들어오지 않았어요. 오로지 눈앞에 있는 것으로 빨리 밥공기만 비우고 이 자리를 피해야 했으니까요. 누가 말 걸기 전에 빨리 방으로 도망가야 했어요.

가족들한테 성질내고 싶지도 않았고 퉁명스럽게 대하고 싶지도 않았어요. 하지만 가족이 갑자기 저의 공간에 들어오려 하거나 들어왔을 때는, 화가 난 게 아니라 당황하고 놀라 큰소리로 인상 쓰며 말했던 것 같아요. 제가 하고 있던 행동이 옳지도 않을 뿐더러 창피했기 때문이죠. 제 방과 제 상태도 가관이라 더 그랬던 것 같아요.

방 안은 담배연기로 가득 차 있었고, 재떨이에 담배꽁초는 선인장이 되어 있었어요. 하얀 벽지는 누렇게 변해 있었고, 먼지는 여기저기 소복히 쌓여 있는 데다, 머리는 장발에 떡이 져서 기름이 좔좔 흐르고, 몸에서는 찌든 담배냄새와 씻지도 않아서 냄새나고,

살은 없이 삐쩍 말라서 정말 사람 몰골이 아니었거든요. 방에 있던 거울이나 내 모습을 비출 만한 것들은 이미 옛날에 안 보이는 곳에 치워 놓았었고요.

그때는 그런 건 저한테는 아무것도 아니었어요. 씻지 않아도 찝찝한 것도 느끼지 못 했고 냄새도 느끼지 못 했어요. 사람들은 게임에 미쳐서 그런다고 하는데, 게임이 정말 미친듯이 재미있어서 한다기보단, 아무것도 생각하고 싶지 않았고, 어떻게든 시간은 때워야 하니까 했던 거 같아요.

그렇게 지내던 어느 날 새벽이었어요. 목이 말라 물을 가지러 나왔는데 물컵에 소주 한 병을 통째로 따라 마치 물처럼 벌컥벌컥 마시고 계시던 어머니를 봤어요. 둘 다 놀라서 한참을 서 있었던 거 같았어요. 주변을 둘러보니 검정색 비닐봉투 안에 초록색 빈 병들이 한가득 있는 게 보였어요. 어머니도 가족들 몰래 드시느라 드신 병들을 찬장에 모아 놓았다가 몰래 한 번에 버리셨었나봐요.

아차! 싶었어요. 아니 가슴을 주먹으로 세게 맞은 느낌이었어요.

너무 놀라고 당황해서 재빨리 방으로 들어갔어요. 가슴이 뜯겨져 나가는 것 같았어요. 어머니는 술을 한 잔도 못 드시는 걸로 알고 있었는데… 그런데… 저 때문에….

어머니는 매일 밤 어떻게든 잠에 들기 위해 그런 생활을 해오셨던 게 아닐까 하는 생각이 들었어요. 이러다가는 제가 어머니를 알코올중독자로 만들 수도 있겠다 싶었어요. 지금 나만 혼자 힘든 게 아니었구나 하는 생각도 들었어요. 이대로는 안 될 거 같았어요. 어머니를 혼자 두면 안 되겠다는 생각을 했던 거 같아요.

그날 이후부터는 최소한 방 밖으로 나와서 어머니와 시간을 보내려고 했어요. 차도 같이 마시고, TV도 같이 보며, 가벼운 대화도 나누게 되었어요. 어떻게든 어머니께서 가족 몰래 술기운으로 잠드시지 않길 바랐어요.

한 번은 엄마한테 이렇게 말했어요.

"엄마, 잠 안 오면 나랑 맛있는 거 만들어서 소주 한 잔 할까?"

그랬더니 어머니께서 하시는 말이 "됐어. 내가 언제 술을 마셨다고 그래?" 하시면서 멋쩍게 웃으시더라고요.

그렇게 저는 방 밖으로 나오게 되었어요.

6. 혼자서는 너무 힘들어요

저는 여러 차례 사회활동을 해 봤어요. 그리고는 다시 제자리로 돌아오게 되었어요. 다른 친구들은 어떨지 정확히 모르겠지만 제가 현재 눈팅만 하고 있는 은둔형 외톨이 카페나 유튜브를 보고 느끼게 되는 부분은, 대부분 세상으로 나가고 싶어한다는 점이었어요. 그런데 어떻게 해야 나갈 수 있을지를 모르겠다는 거였죠.

물론 준비도 되어 있지 않아요. 일반적으로 학생 때부터 스펙 쌓기를 시작하고 여러 가지로 준비를 하잖아요. 저희는 학업도 마치지 못 한 경우도 있고 스펙이라고는 없어요. 경력도, 경험도, 지식도, 정보도요.

주변에 도움을 청하기도 힘들어요. 하다못해 부모님에게도요.

저의 경우를 말씀드리자면, 저는 일을 하고 싶어도 이력서를 어떻게 써야 되는지를 몰랐어요. 그래서 주변 사람들한테 "나 이력서 어떻게 쓰는지 모르니까 좀 도와줘"라고 했었어요. 그런데 주변 사람들 반응은 "그냥 쓰면 되지." "그냥 비어 있는 칸 채우면 돼"라고 그냥 넘겨버리더라고요. 진짜 몰라서 어렵게 도움을 청한 건데….

자기소개서는 꿈도 못 꿨어요.

그래도 일을 해보고 싶었었기에 일단 빈칸들을 채워 넣었어요. 이름, 주민번호, 주소, 전화번호, 이메일 정말 별 거 없었는데…, 문제는 경력 란이었어요.

경   력
○○고등학교 입학
○○고등학교 자퇴

○○단기알바 2개월

○○단기알바 3개월

이렇게 쓴 이력서는 어느 누가 보더라도 채용하지 않을 거라 생각했어요. 경험한 바로는 건설현장은 이런 이력서도 이름, 주민번호, 주소만 기입하고 신분증, 등본, 통장사본만 제대로 가져가면 아무 이상 없더라고요. 그런데 PC방, 식당, 패스트푸드점, 빵집, 커피숍, 당구장, 호프 등등 어떤 알바를 지원해도 이렇게 쓴 이력서로는 지원을 아무리 해도 연락 한 번 오지 않았어요. 생산직 공장도 마찬가지였고요.

힘들었어요. 어디서도 저를 받아주는 곳은 없었어요. 그래서 일단 검정고시를 보고 주변에 도움을 청하게 되어 이력을 하나하나 늘려야겠다는 생각을 했어요. 검정고시 패스 후 주변에 도움을 청했고 주변 분의 지인의 지인의 지인에게 부탁해서 겨우 꽂아 준 낙하산으로 일자리를 얻게 되었어요. 낙하산 딱지를 떼기 위해 정말 열심히 일해야 했어요. 그러다 보면 정말 지치고 힘든데 어떻게 하겠어요. 이력서를 채워야 하는데….

오로지 그 생각 하고 열심히 했어요. 그때 저에게는 선택권은 없다고 생각했었거든요. 사실 그때 서는 그저 일을 하고 사회에 섞이고 싶었던 것도 있긴 있었어요. 열심히 했어요. 끝이 좋든 나쁘든 이력을 채운다는 점에서는 아무것도 문제될 게 없더라고요.

그렇게 이력 하나를 더 써넣고 올려 본 이력서도 구직사이트에서 아무런 반응이 없었어요. 다시 도움이 필요했어요. 또 다시 낙하산으로 또 반복해서 이력을 쌓고 그 다음번도 똑같이 반복하고…. 이런 활동을 이어서 한 게 아니라 사이사이 구직과 은둔생활이 끼어 있었어요.

이력다운 이력이 하나 두 개 세 개 쌓이니 드디어 구직사이트 한두 곳에서 연락이 오더라고요. 이젠 저에게 선택권이 생겼다고 생각했어요. 너무 기뻤어요.

그런데 선택권이 생기면서 동시에 무엇을 해야 하는지와, 사회에 대한 불신이 스멀스멀 올라오더라고요.

'열심히 일했는데 돈을 안 주면 어떡하지?' '괜히 고생만 하고 몸만 버리는 거 아닐까?' 머뭇거리게 되었어요. 그렇게 시간을 끌다 놓치고, 놓친 게 아까워서 다음번은 바로 면접 보러 갔다가 떨어지고, 면접에 떨어지니 자신감을 잃고, 어떻게든 다시 용기 내어 면접 보러 갔다가 떨어지고, 다시 면접 보러 갔는데 이번엔 면접이 못마땅해서 거르고, 다시 떨어지고….

이런 현상들이 반복되더라고요.

은둔형 외톨이였던 제가 혼자서 구직을 한다는 건 정말 쉽지 않았어요. 마지막 장기적으로 일하게 되었던 것도 주변 분에게 도움을 청해서 일하게 되었던 거니까요.

7. 은둔형 외톨이 성향은 언제부터?

어쩌면 은둔형 외톨이 성향은 아주 어릴 때부터 마음속에서 천천히 커져가는 게 아닐까 하는 생각이 들었어요. 그래서 어린 시절을 떠올려 보게 되었어요. 제 주변 환경이나 가정환경에 대한 이야기를 중심으로 제가 은둔형 외톨이가 되어가는 과정을 한번 이야기해 볼게요.

제가 어릴 때는 착한 아이가 꼭 되어야 한다는 게 TV나 매개체에 인식되어 있었던 것 같아요. 부모님 말씀 잘 듣고 어른을 공경하며 예의 바른 아이가 착한 아이였어요. 저는 칭찬 받는 아이이고 싶었고요.

어머니를 따라 시장에 가도 이거 사 달라 저거 사 달라 조르고 땡깡 피는 아이가 아닌, 어머니 양손에 들린 짐을 하나라도 들어주고 싶어하는 아이였어요. 앉을 때도 학교에서 알려 준 바르고 꼿꼿한 자세로만 앉았던 거 같아요. 어른들은 그런 제 모습을 보고 흐뭇하게 웃으며 칭찬하셨어요. 그래서인지 주위에서도 칭찬을 많이 받으며 자라 온 아이였어요.

그렇게 자라 오던 아이가 친구들을 사귀게 되면서 이상함을 느끼게 되었어요. 제 주위 사람들의 시선과 태도가 바뀌었어요. 하물며 친하게 지내는 친구들과 저를 비교하기 시작했어요. 그렇게 친구라는 존재와 저를 한 명 한 명 경쟁하는 구도로 만들어 갔어요.

"걔는 그렇다는데 너는 왜 그러니?" "얘는 이런데 너는 왜 이래!"와 같은 느낌의 비교하는 말들을 매일같이 들었던 것 같아요.

학교에서 시험을 보고 좋은 점수를 받아 와도 나보다 점수가 높은 친구와 비교하고, 사생대회에서 그림을 그려 상장을 받아 와도 나보다 좋은 상장을 받은 친구와 비교하고, 백일장에서 글을 써와도 상장을 받은 친구와 비교했어요. 학교 끝나고 친구들과 축구를 하고 집에 돌아오면 옷이 더러워졌다고 혼났었어요. 이상했죠. 친구는 사이좋게 지내야 하는 사이를 친구라고 배웠는데…. 나는 친구라는 존재보다 항상 더 나은 아이여야 했어요.

그렇게 칭찬받을 일이 하나씩 하나씩 줄어들었던 거 같아요. 공부도, 체육도, 미술도, 음악도 전부 다 잘하는 아이여야 했어요. 한 가지라도 잘못하면 안 되는 줄 알았어요. 그런데 그렇게 다 잘 할수가 없었어요. 하루하루가 너무 힘들고 지쳤어요. 마음 놓고 편하게 대화할 친구라는 존재는 없어진 지 오래였고…. 웃고 떠들고 장난치던 친구라는 존재도 없었어요. 그냥 친구는 전부 경쟁만 해야 하는 존재라고 느꼈어요.

모든 것이 재미없었어요. 그렇게 텅 빈 곳을 채워준 게 만화책이었어요. 만화책하고는 경쟁할 필요도 없고, 재미도 있는 데다가 다음 권이 나오기를 기다리게 되는 존재였어요. 그렇게 만화책과 친해지고 나서 그림을 따라 그리기 시작했는데 친구들한테 주목을 받게 되었어요. 다시 칭찬받을 일이 생긴 거예요. 너무 좋았어요.

그래서 부모님께 그림을 배워보고 싶다고, 더 잘 그릴 수 있게 미술학원에 보내달라고 말했어요. 말도 안 되는 소리라고 하셨죠. "네가 생각했을 때 학교에서 그림 그리는 걸로 다섯 손가락 안에 들어 가냐? 다섯 손가락 안에 들어갈 자신 있으면 보내주고 그릴 자신 없으면 안 된다"고 하셨어요.

'이제 막 관심이 생겼고 좋아하게 된 거였는데…' '더 잘 그리고 싶어져서 말씀드린 거 였는데….'

제 주위엔 그림을 잘 그리는 친구들도 많이 생겼었어요. 그런데 저는 무엇보다 부모님 말을 듣고 위축되어 버렸어요. 처음으로 배우고 싶은 게 생겼고, 잘하고 싶었던 꿈이 사라졌어요. 두 번 다시 그림은 그리지 않게 되었어요.

그후로는 모든 것이 재미도 없고, 흥미도 생기지 않고, 해야 할 이유를 모르겠고 해서 그냥 시키는 대로만 하는 꼭두각시 역할을 했어요. 그런 상태의 지는 물론 좋은 성적을 낼 수 없었고, 어떤 것도 제대로 하려 하지 않게 되었어요.

8. 서서히 조금씩 다가와 주세요

저희는 현재 방어기질을 가지고 있어요. 갑작스러운 어떤 것에도 저희는 엄청 견제하고 경계하고 있어요. 그 무엇인가를 갑자기 대면하게 되면 극도의 불안감과 거부감이 들어요. 마치 무슨 일이 벌어질 것만 같고 심장이 요동치기 시작해요.

은둔 기간이 짧든 길든 똑같은 거 같아요. 무엇인가에 상처를 받았거나, 좌절을 했거나, 실패를 했거나, 억압을 받았거나, 충격을 받았거나, 자신에게 실망을 했거나, 누군가를 원망하거나, 다들 막막한 상태예요.

사람에 따라 우울감에 빠져 있을 수도 있고, 조울증에 걸려 있을 수도 있고, 아무런 생각도 하지 않을 수도 있고, 현실을 피하려고만 하고 있어요.

그러니 갑작스럽게 다가오는 사소한 말들도, 조언도, 권유도 전부다 부정적으로 받아들이게 되고, 그런 말들이 나를 공격한다고 생각해요.

저희는 현재 극도로 예민해져 있어요. 어떤 것도 쉽게 받아들이려고도, 인정하려고도 하지 않아요. 다가가려 하지도 않고, 행동하려 하지도 않아요. 항상 머리에는 이런저런 생각들로 가득 차 있어서 조그마한 어떤 것이라도 머릿속을 침범했다고 느끼면 당황하고 혼란스러워해요. 그래서 갑자기 건네 오는 좋은 말들에도 돌아오는 대답은 부정일 거예요.

운전에 대한 걸로 예를 들어볼게요.

운전을 하고 있는데 갑자기 앞차가 초록불에 급브레이크를 밟았다거나, 옆 차선에서 방향지시등도 켜지 않은 채 내 차선으로 갑자기 끼어들었다고 생각하시면 이해하시기 편할 거 같아요.

근데 저희는 운전을 배운 적도 없는데, 안전벨트도 없고 에어백도 없는 어둡고 좁은 차 안에서 복잡하고 무질서한 도시에 안개가 자욱이 낀 도로를 혼자 내비게이션도 없이 운전하고 있는 상황이라는 생각이 드네요. 목적지가 없는 사람도 있을 거예요.

저희는 늘 이런 상태, 이런 느낌으로 지내고 있어요. 그러니 저희에게 다가오실 때는 저희가 미리 견제할 수 있게, 미리 겁먹고 경계하지 않도록 서서히, 조금씩 다가와 주셨으면 좋겠어요.

9. 벗어나기 위해 제가 하고 있는 행동들

은둔형 외톨이 생활에서 벗어나기 위해서는 한순간도 방심할 수가 없더라고요. 오랜 시간 동안 몸에 배어 버린 이 몹쓸 습관들이 아차! 하는 순간 저도 모르게 이전 행동들로 돌아가게 되더라고요. 그래서 제가 노력했던 행동들이 은둔형 외톨이에서 벗어나고자 하시는 분들의 가이드 라인이 될 수도 있겠다는 생각으로 글을 정리해 볼게요.

1. 가장 먼저, 아침에 일어나면 시 누울 공간을 없애 버리세요.

저도 예전에는 침대생활을 했었는데 침대는 항상 누울 수 있는 공간이잖아요. 그래서 저는 없애 버렸어요.

"뭐? 왜? 멀쩡한 침대를 버려?"라고 하실 수 있는데, 침대가 있을 때 저는 거의 누워서만 생활하게 되더라고요. 전 그래서 침대를 버렸어요. 현재는 깔 수 있는 매트와 이부자리를 깔고 생활하는데, 그것도 일어나자마자 개서 정리해놓지 않으면 다시 눕게 되더라고요. 그래서 일어나자마자 하는 행동은 이부자리를 정돈하는 거예요. 만약 침대라면 일어나자마자 각잡아서 이부자리를 정돈해 보세요. 그것도 안 된다면 침대 위에다 레고라도 엎질러 놓으세요. 수단과 방법을 가리지 말고 잠에서 깼으면 절대 다시 눕지 마세요. 그게 최선이더라고요.

2. 그리고 두 번째로, 원래 은둔생활을 해오면서 자연스럽게 해오던 활동들을 멈추세요.

"그럼 뭐하라고? 이 긴 시간을 뭐하면서 보내?"냐고 하실 거 같은데, 저같은 경우는 원래 하던 것만 안 하면 다른 할 것을 생각하고 찾게 되더라고요.

우선 제 얘기를 예로 들자면, 저는 일어나자마자 핸드폰을 잡고 뉴스거리, 유튜브, 커뮤니티 사이트에 들어가 의미 없는 것들을 보면서 시간을 때웠어요. 잠이 깨고 정신이 들면 모바일 게임을 했었고요.

근데 그 활동들을 멈췄어요. 그랬더니 시간이 참 많이 남더라고요. 할 것이 없으니까 이것저것 안 하던 것들을 찾게 되더라고요. 하다못해 먼지가 수북히 쌓인 연습장을 꺼내서 낙서를 하고 있더라고요. 그 먼지들을 보고 청소도 하게 되고요. 정말 이따금씩 구직 사이트나 알바 사이트 들어가서 일자리를 보기도 했어요. 물론 구직신청은 못 했고요.

현재 저는 은둔형 외톨이 가족모임 카페에 우연히 글을 쓰게 되어 글을 쓰고, 올리고, 정리하고 있어요. 벌여 놓은 게 많다 보니 글을 쓰다가 하루를 다 보낼 때도 있어요. 그냥 그동안 했던 것들을 멈춰보세요. 일상이 달라져요.

3. 시간이 남게 되면 건강을 위해 시간을 더 투자하세요.

저같은 경우는 일단 누워 있던 공간을 없애고 나니 허리가 아파도 눕질 못 했어요. 정 아프면 잠깐 맨바닥에 눕기는 하는데 불편해서 금방 일어나게 되더라고요.

그리고는 운동을 하게 되었어요. 대단한 건 아닐지라도 요즘에는 하고자 생각만 하면 누구나 쉽게 배울 수 있잖아요. 스트레칭도 해보고 요가도 따라해 보고, 팔굽혀펴기, 스쿼트 등등 일단 해보세요.

우선 심장이 뛸 거예요. 평소와는 다르게 기분 좋게 쿵쾅댈 거예요. 몇 개 못 해서 좌절하고 힘들어서 주저앉고 그러지 마세요. 벗어나고자 생각하셨잖아요. 그냥 할 수 있을 만큼만 하세요. 운동은 누굴 위해서, 누가 보라고 하는 게 아니라 자기 자신을 위해서 하는 거잖아요. 하루 5분이어도 좋고, 10분이어도 괜찮아요.

하루하루 늘어가고 달라지는 걸 느끼실 거예요.

4. 아 참! 운동할 때 TIP

세수랑 양치질은 하고 하세요.

운동을 하면서 맡게 되는 내 입냄새 그닥 좋지 않더라고요. 그리고 세수랑 양치를 하고 운동하는 게 땀 배출에도 좋고, 운동 후 더 개운해요.

옷은 그냥 입고 있는 그대로 하세요.

운동한다고 운동복으로 갈아입고 운동을 한다? 그게 연계되기 쉽지 않아요. 생각났을 때 기지개 켜고 스트레칭하고 바로 하세요.

땀이 많이 났으면 씻고 옷 갈아입고 땀이 그닥 안 났으면 그대로 있어도 되고요.

집에 덤벨(아령)이 없다면 2리터짜리 생수병에 물 넣어서 사용하세요.

이왕이면 그립감 좋고 탄탄한 생수병이 좋더라고요. 2리터짜리가 부담스럽다면 500밀리짜리도 괜찮아요. 운동하는 데에는 아무런 지장이 없더라고요. 사실 2리터짜리랑 500밀리짜리 2개씩 있으면 좋아요.

5. 혹시 괜찮다면 산책도 시도해 보세요

다른 한 가지는 산책인데, 요즘 코로나 시기라 그런지, 산책을 나가서 사람 없는 한적한 곳을 거닐다가 오면 기분은 좋더라고요. 어떠한 사건만 생기지 않는다면요.

산책은 아직 저도 조심스럽네요. 근데 확실히 답답한 게 풀리고 좋긴 좋아요. 저도 허리가 안 좋아서 일부러 경사가 있는 공원에 있는 산도 타고 울퉁불퉁한 비포장 길도 걷고 그러는데 확실히 허리통증이 약해졌어요. 아무튼 요즘 코로나 때문에 산책을 적극 추천하기는 조금 조심스럽네요.

6. 그러면 편안한 잠이 덤으로 따로 와요

이렇게 하루를 보내다 보면 안 하던 행동을 하니까 쉽게 피로감이 몰려와요. 그동안 눈만 감으면 온갖 잡생각이 밀려와 괴로워 잠을 못 이루었었는데 요즘에는 눈만 감으면 바로 잠들어요.

정말 이렇게 될 거라고는 생각도 하지 못 했는데 너무 쉽게 다시 건강한 생활을 하고 있더라고요. 물론 이 활동들이 수익성이 있고 드라마틱한 변화를 주지는 않지만 좋은 방향으로 변하고 있는 것은 분명해요. 아무것도 하지 않는 것보다는 좋은 방향으로 변화된다고 자신있게 말씀드릴 수 있을 거 같아요.

7. 지금 할 수 있는 것부터 곧바로 시작하세요

변하고 싶고 벗어나고자 마음을 먹으셨다면 지금 한 번 해보세요.

이것들을 실행하기 위해 시간의 강박을 둘 필요 없어요. 눈을 뜨는 순간 이부자리 정리부터 시작해 보세요. 시간의 강박을 두면 더 스트레스만 쌓이더라고요. 그냥 최소 하루 세끼 가볍게라도 챙겨먹자고 생각하시고 실행해 보셨으면 좋겠어요.

10. 세상으로 나온 은둔형 외톨이를 대할 때

은둔형 외톨이들은 항상 방 안에, 또는 집 안에 있는 것에 안주하고 있지 않아요. 그러다 어느 순간 정신이 번쩍 들 때가 있어요. 그럴 때 저희는 세상에 나가게 되는 것 같아요.

저희는 경계심도 많고, 사람에 대한 믿음도 없을뿐더러, 세상과 인터넷 말고는 담을 쌓고 지냈기 때문에 잘 몰라요. 그냥 카더라통신에 의존하는 경우가 부지기수죠. 하지만 이대로 계속 살긴 싫고 나가겠다는 마음이 꺼지기 전에 저희는 어떻게든 나가려고 시도해 봐요. 다시 밖으로 나가면 상처받게 될 것도 알아요. 다시 사람들이 미워질 것도 알고요. 밖으로 나가서 힘들 거라는 것도 알고 있어요. 그래서 어떠한 문제에 부딪혔을 때 너무 쉽게 포기하고 등을 돌리는 일이 생기더라고요. 문제를 이겨내지 못 한 자기 잘못이라고 생각하게 되더라고요.

물론 나를 이렇게 만든 사람, 그리고 세상을 죽어라 원망하기도 해요. 하지만 나가자고 마음을 먹었을 때만은 그렇지가 않아요. 저희도 절실한 마음으로 나가는 거니까요.

근데 그게 원하던 대로 되지 않고, 생각했던 대로 되지 않아요. 굳게 마음먹었던 의지도 쉽게 꺾이고 역시나 세상은 더럽고 지저분한 곳이라고 느끼게 되더라고요.

그래도 다시 방 안에 처박히고 싶지는 않아 정말 열심히 어떻게든 발버둥을 쳐요. 몸이고 마음이고 다 헤지고 너덜너덜해져요.

운이 정말 좋으면 사랑하는 사람을 만나 사랑을 하면서 위로도 받고 함께 세상을 살아가기가 더 수월해지기도 해요. 근데 이건 정말 운이 좋은 경우고 좋은 사람을 만났을 때인 거죠.

사회생활을 하면서 어떠한 일을 겪고 지쳐서 집에 들어올 때도 있어요. 그런데 집에서는 이제 저희를 일반 가정의 일반 자녀로 대하실 때가 있더라고요. 저희가 이제 세상으로 나갔고 사회생활을 하고 있으면 가족(주변 분)들은 이전의 고통, 아픔, 상처들은 다 잊으신 것만 같더라고요. 이전에 겪었던 체증들이 다 내려간 것 같고, 저희를 그냥 일반 자녀라고 생각하시나 봐요. 그동안에 못 하셨던 잔소리를 하고 싶으셨던 건지 가족(주변 분)들은 잔소리를 시작하시더라고요.

늦게 들어왔을 때, 씻지 않고 그냥 잘 때, 술 마시고 들어왔을 때, 집에 연락도 없이 외박할 때, 경제관념 없이 자꾸 택배 시킬 때, 일하면서 돈 없다고 징징댈 때, 쉬는 날 집에서 뒹굴거리고 있을 때, 반사적으로 나오는 잔소리들….

자녀분이 나이가 찰수록 "돈은 얼마나 모았니?" "만나는 사람은 있니?" "연애는 안 하니?" "결혼 생각은 없니?" 이런 평범한 질문들… 아마도 하시게 될 거에요. 저희 집은 그랬었거든요.

처음에는 밖에 나가서 사회 생활하는 것만으로도 엄청 기뻐하시고 뿌듯해 하셨었는데… 점점 그렇게 되더라고요.

그런데 제일 마음이 급한 건 당사자들이에요. 이건 일반 자녀들도 똑같이 겪고 있는 문제들인데 은둔형 외톨이었던 당사자들은 더 심하죠. 그렇지 않아도 남들보다 한참 뒤쳐져 있었고 현재도 한참 뒤쪽에 있는데….

이게 현실적으로 하려고 해도 잘 안 되고 힘들어요. 사람 만나는 게 제 마음대로 되지도 않을뿐더러 저희는 아직도 세상에 온전히 스며들지 못 해 애쓰고 있어요. 겉으로는 멀쩡해 보여도 저희는 세상에 겉돌고 있다고 느껴요. 뭔지 모를 불편함을 느끼는 거 같아요.

우리집 아이가 드디어 일반인이 되었는데 그동안 하지 못 했던 말들, 걱정하셨던 부분들 하나씩 하나씩 자신들도 모르게 하고 계실 수도 있을 거 같아요.

어떠한 심리 전문가나 학자들의 글들 중에 본 거 같은데 은둔형 외톨이가 치유되기까지 평균 3년을 잡으신다고 하시더라고요. 너무 개인적이고 조심스럽지만 저는 조금 다르게 생각해요.

은둔형 외톨이를 사전적 의미에서는 6개월간의 은둔생활을 은둔형 외톨이라 말하더라고요. 그런데 길게 10년, 20년, 그 이상까지도 은둔형 외톨이도 있으니까 그 수치를 평균 잡으면 3년 정도가 맞는 거 같기도 해요.

이 비유가 맞을지는 모르겠지만 "사람은 고쳐 쓰는 게 아니다" 라고들 하잖아요. 은둔형 외톨이의 성향과 습성들은 어디 가지 않는 거 같아요. 그냥 잠시 자기 자신의 최대한 깊숙하고 찾지 못 할 만한 곳에 쑤셔박아 놓고 제발 터지지 말라고 짓누르고 있는 것일 뿐이죠.

만약에 타이밍이 정말 딱딱 맞아 떨어져서 세상에 섞이고, 좋은 사람을 만나고, 행복한 연애에 이어 결혼을 하고 행복한 가정을 이루었을 때, 그때가 다시 은둔형 외톨이가 치유되기에는 가장 좋은 환경이라고 생각해요. 남자의 경우나 여자의 경우 모두 같을 거라 생각해요.

그런데 이것도 정말 쉬운 일이 아니잖아요.

그러니 이왕 저희를 믿고 저희가 기댈 수 있는 나무 역할을 해주시겠다고 마음을 먹으셨다면 정말 우뚝한 나무처럼 그 자리에서 변함없이 저희가 언제든 기댈 수 있고, 나무 그늘 밑에서 쉬어갈 수 있게 해주셨으면 좋겠어요.

그렇다고 내 자식한테 할 말도 못 하고 항상 언제나 조심해달라는 말은 아니에요. 저희가 세상 밖으로 나갈 수 있게 곁에 계셔주시면서 얻으셨던 노하우들 있으시잖아요? 그걸 조금만 더 이어가주셨으면 하고 조심스럽게 부탁드리는 거예요.

언론 기사들을 보면 저희는 언제 터질지 모르는 시한폭탄과 같은 위험한 존재라고 하잖아요. 그 표현은 정말 싫지만, 다른 한편으로 그 의미는 인정하고 있어요.

저희는 '잠재적 범죄자'가 아니라 '언제 다시 방으로 처박힐지 모르는 시한폭탄'이예요. 저도 그렇고, 저희 가족이나 제 주변 어느 누구도 제가 정말 다시 이렇게 될 거란 건 생각도 못 하실 거예요.

그런데 정말 저희는 아직도 힘든 상태거든요. 아직은 조금만 더 인내심을 갖고, 믿음을 갖고 기다려 주세요. 저희에겐 아직 잔소리보다는 격려와 응원이 더 필요하거든요.

저와 같은 경우를 겪는 사람이 제발 한 명이라도 덜 생기길 바라는 마음으로 이 글을 마칠게요.

ing
10대에 아무것도 모르고 멈춰섰다가 뒤늦게 앞서가던 또래들 좇아 앞만 보고 가다가 돌아보니 내 자신이 은둔형 외톨이였고 현재 다시 은둔형 외톨이로 돌아오게 된 30대 후반 은둔형 외톨이
tiangpang16@naver.com

2부
우리는 항상 너를 응원한단다
-은둔형 외톨이를 위한 가이드북

가끔은 다정한 사람들이 나의 거미줄 같아요.
내가 바닥으로 떨어지는 걸
느슨하게 막아주고 붙잡아주는
상냥한 거미줄. 고마워요.

민들레꽃을 닮은 청년들

-박대령(심리상담사, 이아당심리상담센터 대표)

나는 민들레꽃을 좋아한다. 흙이 있는 곳이라면 어디든 피어 있고, 심지어는 꽃이 자랄 수 없어 보이는 곳에서도 피어 있다. 어느 날에는 아스팔트를 뚫고 나온 노란 민들레를 눈이 휘둥그레져서 오래도록 바라보곤 했다.

그 꽃을 닮은 청년들과 만나기 시작한 것은 2007년 '이미 아름다운 당신'이라는 이름의 다음 카페를 만들었을 때부터다. '대인공포', '사회불안', '대인기피'로 고생하는 이들을 회원으로 받았는데, 내가 사회불안이 심해서 나와 비슷한 고통을 겪는 이들에게 관심이 많았기 때문이다.

처음에 몇 십 명으로 오붓하게 대화 나누던 카페가 어느 날 수백 명이 되고, 얼마 지나지 않아 천 명이 되더니 다음 카페 메인에 소개되었다. 그 이후로는 순식간에 만 명이 넘는 회원들이 카페에 가입하는 놀라운 일이 벌어졌다.

그 당시 병원 수련과 직장 생활을 병행해서 하던 때라 매우 고되었으나, 틈만 나면 글로 대화하기도 하고, 쉬는 날 쉬지 않고 정모나 소모임을 함께했다. 육체적으로 많이 힘들었지만, 피로를 잊을 만큼 카페 활동이 매우 즐거웠다.

같이 이야기하면 웃고 우는 감동적인 순간들이 많았다. 다른 무엇보다도 세상에서 나만 이런 줄 알고 살던 사람들이 함께 만나니 그 반가움이란 이루 말할 수 없었다. 나 혼자만이 아니라는 생각이 들어 위로가 된다는 말들을 많이 했다.

모두 자신을 의지가 부족하고, 마음이 나약하며, 한심하기 짝이 없다고 생각하며 괴로워했지만, 나는 이들을 알아갈수록 이들이 말한 것과 반대인 사람들이라는 것을 알게 되었다. 오히려 앞서 말한 민들레꽃처럼 어려운 토양에서도 어떻게든 살아가는 이들이었다.

이들에 대해서 잘 모르는 사람들은 겉으로 보이는 것으로만 판단하기 쉽다. 일부 부모나 친척 또는 전문가라고 하는 사람들조차도 네가 뭐가 부족하냐며, 배가 불러서 그런 게 아니냐고 비판하기도 한다.

사실, 이들을 제대로 이해한다면 그런 말을 결코 할 수 없다. 내가 만난 이들은 그 어느 누구보다도 열심히 살고 싶고, 쓸모 있는 사람이 되고 싶어했다. 부모에게 의존하려는 마음보다 자립하고 싶은 마음이 강렬했다.

그런데 왜 그런 이들이 은둔 생활을 하는 것일까? 왜 열정은 냉정이 되고, 의욕은 무기력이 되는 것일까? 독립하고자 하는 열망이 어째서 부모에게 의존하는 모습으로 나타나는 것일까?

바뀐 환경과 새로운 세대의 젊은이들

사실 일부 부모들이 이들이 배불러서 그런다고 말할 때는 경제적인 풍요로움을 말한다. 당장 거리에 나앉을 것처럼 어려운 상황이라면 지금 부모세대들이 과거에 그랬던 것처럼 현재의 젊은이들이 좀 더 위기의식을 가지고 살 거라는 말도 일리는 있다.

그런데, 이 생각에는 몇 가지 문제점이 있다.

첫째, 부유한 가정환경을 가진 이들만 은둔하지 않는다. 가정 환경이 몹시 어려운 이들도 은둔 생활을 하는 것을 나는 많이 봤다.

둘째, 경제적인 풍요나 결핍보다 정신적인 환경이 고립생활과 더 밀접한 연관이 있다.

부모 세대들은 경제적으로 매우 어려운 시기를 보냈지만, 정신적인 면에서는 현재보다 좀 더 풍요로웠다고 생각된다. 열심히 하면 성공할 수 있다는 희망이 있었고, 실제로도 그랬다. 시대가 어려울수록 가족만이 아니라 이웃사촌이 도왔고, 학교에서나 직장에서나 서로 돕고 이끌어주는 분위기가 있었다.

이런 공동체적인 문화가 1997년 IMF 이후로 산산조각이 나기 시작했다. 일자리가 부족해지자 사람들은 여유가 없어졌다. 경쟁이 심해지면서, 협력관계가 알력관계가 되기 시작했다. 학교에서는 더 이상 노트 필기를 보여주지 않고, 남의 것을 훔치는 커닝이 늘어났다.

학교 폭력도 늘어났다. 학교폭력위원회에 회부되는 사건들 외에도 고발하기 어려운 비열한 형태의 왕따나 은따가 늘어났다. 과거의 대학이 민주화를 향해 함께 데모하던, 멀리서 지지를 보내던 동지의식이 고취되던 장이었다면, 지금은 짓밟고 이겨내야 할 경쟁상대가 되었다.

96학번이었던 나는 풍요로운 시기의 끝물에서 대학생활을 보냈다. 96년도나 97년도에는 학교 잔디밭에 앉아 막걸리를 같이 마시고 기타 치며 노래를 했다. 동아리나 소모임 생활을 하며 선후배 동기들과 함께 의미 있거나 즐거운 시간들을 보낼 수 있었다.

내가 4학년이 되던 99년도에 학교 분위기는 완전히 달라졌다. 아무도 한가롭게 잔디밭에 앉아 노래를 부르지 않았다. 운동권이 몰락하면서 집회 문화가 쇠퇴한 이유도 있지만, 그보다 더 큰 이유는 취업난이었다. 다들 도서관으로 가거나 아르바이트 하러 가기 바빴다.

내가 새내기였을 때 수많은 선배들이 한시도 놔주지 않고 챙겨주었던 것을 2000년대 신입생들은 기대하기 어려웠다. 과거 세대보다 더 살벌한 중고등학교 시절을 보낸 이들이 대학에 와서도 과거 세대가 누리던 낭만 대신, 정신없이 알바를 하거나, 도서관의 삭막한 공기를 맡아야 했다.

청년들은 과거세대보다 직장에 들어가기가 어려워졌다. 한 언론사에 다니는 95학번 선배가 내게 지금 들어오는 신입사원들은 자신이 입사할 때보다 더 어려운 경쟁을 뚫고 들어왔다고 한다. 자신은 국내파인데, 신입사원들은 해외 명문대 출신이라고.

증권사에 다니는 한 선배는 자신이 취업한 이후로 오랫동안 신입사원을 받지 않았다고 했다. 그는 회사에서 막내 생활을 오래 해서 힘들었지만, 청년들은 취업원서를 수십 군데 넣어도 계속 탈락하는 잉여인간 생활을 해야 했다.

결국 과거의 '하면 된다'는 문화가 '해도 안 된다', 또는 '이번 생은 망했다'는 문화로 변화되기 시작했다.

더불어, 과거의 학생들도 공부하느라 정신없이 바빴지만, 현재의 학생들보다는 더 많은 놀이와 여가 생활이 있었다. 부모들의 경제적인 풍요는 더 많은 학원 뺑뺑이로 이어졌다. 입시전형이 다양해지고 수행평가가 이뤄진 교육의 변화로 학생들은 더 많이 바빠지고 쉬는 시간이 줄었다.

더 나아가, 청년들의 꿈은 제한되기 시작했다. 다양한 공부를 하고, 새로운 것을 경험하는 대신, 안정적으로 보이는 공무원과 같은 공부들에 매달리도록 강요받았다. 지치고 또 지친 데다가 감정과 욕구를 거세당하고, 해야 할 것을 억지로 해야 하는 이들이 무엇으로 열정을 가질 수 있을까?

무기력은 꽃씨를 키우는 새로운 세대의 움직임

사회학자이자 심리학자인 에리히 프롬은 그의 저서 『나는 왜 무기력을 되풀이 하는가』에서 무기력에 대해 명쾌하게 이야기한다. 그는 현대인들이 자유 의지로 살지 못 한다고 이야기한다. 우리가 입는 옷과 같은 간단한 것조차도 자신의 취향보다 광고와 같은 것들에서 자유롭지 못 하다고 한다.

그는 무기력이란 자신이 자유롭게 할 수 있는 것이 없을 때 나타난다고 하였고, 그것은 단지 좌절이 아닌 다음 단계로 가는 징검다리로 설명했다. 그 다음 단계란, 인간이 자신만의 감정과 욕구, 의지로 자유롭게 사는 것을 이야기한다.

상담소에서 내가 만난 많은 고립청년들은 대부분 자신이 하고 싶은 게 없다고 했다. 대학 학과는 부모님이 원하는 곳을 갔거나, 취업이 잘 될 것 같은 곳을 갔다. 공부에 흥미도 없는데, 새로운 인간관계가 어려우니 학교는 너무도 고통스런 장소가 되었다.

공무원 공부를 하다가 고립생활로 바뀐 사례들도 많다. 고시 공부라는 게 경쟁이 너무 치열한 나머지, 열심히 해도 성과를 얻기 쉽지 않다. 해도 해도 잘한다는 느낌이 들지 않고, 한 해 두 해가 지나면서 몸과 마음이 점점 지쳐간다.

하고 싶은 것을 생각할 기회도 없이, 해야 될 것 같은 공부를 선택했기에 열정 없이 불안을 동력으로 삼는다. 불안은 적절한 수준에서는 추진력이 되지만, 현재와 같은 극한 경쟁에서 오는 극심한 불안은 오히려 몸과 마음을 마모시킨다.

그렇게 꽃다운 청춘이 시들어간다. 꿈을 꾸거나, 행복한 미래를 상상할 기회를 박탈당한 채, 점점 자신만의 굴 속으로 들어간다. 자신의 능력 없음이나 의지 부족을 자책하면서, 쓸모 있는 존재가 될 기회를 얻기도 전에 쓸모 없는 인간이라는 딱지를 붙인다.

나는 이들이 민들레꽃처럼 놀라운 존재라고 이야기했다. 사실, 무기력이란 것은 사회의 지배층이나 기득권에겐 부정적인 말이지만, 다른 측면에서 보면 매우 긍정인 말이다. 노예가 남과 대등한 자유민이 되기 전에는 무기력한 시기를 거칠 수밖에 없다.

그 무기력한 시기의 초입에서 청년들은 자신을 자책하는 데 그치지만, 무기력의 끄트머리로 가면 희망을 찾는다. 그 희망이란 건, 기성세대가 원하는 모습과 삶의 방식으로 사는 게 아니다.

그것은 기성세대가 그토록 원했던 민주화되고 다원화된 사회에서 살아가는 삶의 모습이다. 남들과 똑같은 옷을 입거나 행동하기보다 자신만의 개성으로 있어도 되는 삶, 해야만 하는 것을 하는 삶이 아니라 자신의 감정과 욕구를 따라 가는 삶, 물질에 노예가 되는 삶에서 정신적으로 부유해지는 삶이다.

그렇게 되기 위해서는 먼저 무기력이라는 징검다리를 건너야 한다. 이때 무기력은 긍정이 된다. 해방되기 전에 자신을 되찾는 시기, 자신을 되찾기 위해서 기존에 하던 것들을 멈추고 자신과 삶을 돌아보는 시기다.

청년들의 무기력을 어른들이 보다 긍정적으로 봐주고, 그들의 마음에 귀를 기울여 준다면, 그 징검다리를 건너는 시간이 좀 더 짧아질 것이다. 자책을 하는 청년들을 괜찮다고, 무기력한 게 긍정적인 점도 있다고 존중해 줄 수 있다면, 이들은 좀 더 자신감을 갖고 자신의 심장이 하는 이야기에 귀 기울일 수 있을 것이다.

또, 이들이 척박한 토양에서도 자신만의 향기로 얼마나 꿋꿋하게 버티고 있는가를 본다면, 이들을 만날 때 경이로움이나 아름다움을 느낄 수 있다. 나약하고 의존적인 존재가 아닌, 강인하고 끈질긴 민들레와도 같은 존재라는 것을 발견할 수 있다.

그렇게 어른들의 시각이 민들레꽃처럼 환해질 때야 비로소, 드디어 청년들도 민들레꽃처럼 눈부시게 피어난 자신들의 아름다움과 온전함을 발견하고 희망을 찾을 수 있지 않을까.

박대령
심리상담사, 이아당심리상담센터 대표
사회적 고립청년 부모모임 '얼로너 써포터즈'를 진행하며 "떨려도 괜찮다"는 캠페인을 벌이고 있다. 저서로 『관계를 회복하는 용기』 『사람의 마음을 얻는 심리 대화법』 등이 있다.

조금은 덜 외로운 표류

-리버티(공무원, 은둔형 외톨이 가족모임 대표)

자식이 학교를 가지 않는다는 것, 밖에 나가지 않고 방 안에만 틀어박혀 있다는 것은 대한민국의 부모들에게 거의 재앙에 가까운 일이다.

아이의 자퇴 이후 4년 여 동안 나에게 일어난 일을 짧게 설명하긴 어렵다. 그러나 방문 밖에서 죽을 것 같은 괴로움을 느끼던 시간을 지나 어느덧 아이는 검정고시를 거쳐 대학에 진학을 했다. 코로나 상황으로 학교는 비대면 수업이 많고 온라인에 익숙한 아이는 그 상황을 받아들이는 데에 큰 어려움은 없어 보인다. 그리고 차츰 활동량도 늘어났다.

왜 학교를 가지 않았느냐고, 왜 방에 머물렀느냐고 물으면 이유를 정확히 밀하기는 어렵다. 그러나 내 아이에게 일어난 일은 부모의 삶을 전혀 예상하지 못 했던 방향으로 이끌었다.

4년 전, 아이의 등교거부 원인을 알 수 없어 여기 저기 알아보고 검색을 하는 동안 이와 같은 경우에 답을 해줄 만한 관련 기관이나 전문가가 놀랄 만큼 없다는 것을 알았다. 그 와중에 일본의 사회적 기업 'K2인터내셔널'과의 만남, 그리고 고립청년들을 찾아내고 지원하는 일에 최초로 관심을 가진 '청년재단'과의 만남, '은둔형 외톨이 가족모임 카페'를 만들며 알게 된 전국 부모들과의 만남을 통해 결국 내 아이 하나의 문제가 아니라 이것은 우리 사회 전반의 문제라는 결론에 다다르게 되었다.

부모 세대의 시각에서 조직에 속하지 않는다는 것은 곧 사회에서 도태되는 것을 의미한다. 특히 학력과 학벌을 따지는 우리 사회에서 자퇴나 등교 거부 등은 밑바닥 삶으로의 추락을 의미하는 것과 다름 아니기에 부모가 느끼는 공포는 이루 말할 수가 없다.

가족의 고통

우리나라 학생들의 학업 부담과 스트레스, OECD 국가 중 최하위를 벗어나지 못 하는 삶의 만족도 등은 늘 보도되면서도 교육에 관한 문제만큼은 어떻게 해도 변화가 없는 이유가 뭘까?

'선발'에 치중한 교육은 평가에서 '변별'을 중요시하게 되고 '변별'을 위해선 등수를 매겨야 하는 석차가 필연적이기 때문에 유아기부터 사교육에 올인하고 일찌감치 학원 뺑뺑이가 시작된다. 안 시키면 우리 애만 뒤처질 것 같고, 아이의 성적표는 곧 엄마의 성적표가 된다.

대학 서열은 말할 것도 없고 고등학교부터 특목고와 일반고 등으로 갈라지면서 우리 사회에는 보이지 않는 수많은 등급이 촘촘히 자리하게 되었다. 따라서 어떻게 해서든 자녀를 피라미드 위쪽으로 올려 보내려면 일찌감치 경쟁의 대열에 합류시켜야 한다. 이런 분위기를 우리 아이들은 공기처럼 마시며 자라고 있다.

입학도 경쟁, 취업도 경쟁, 승진도 경쟁… 심지어 청약 당첨처럼 이젠 내집 마련마저도 경쟁이다. 모든 경쟁에는 승자와 패자라는 구도가 필연적으로 따라오며 경쟁에서 밀린 다수는 패자의 열패감을 안고 살아갈 수밖에 없다.

초등학생 때부터 두각을 나타내던 아이가 중학교, 고등학교를 거치면서 자신이 인정할 수 없는 성적을 받았다는 이유로 방에서 나오지 않는 경우도 상당히 보았다. 이미 경쟁이 내면화되었고 자신의 정체감을 온통 성적과 석차에 의지해온 학생들이 한순간에 무너지는 경우도 많다.

"고등학교 1학년 들어가자마자 자퇴하고 집에서 스마트폰, 게임, 컴퓨터만 끼고 살아요. 가족들과 이야기하지 않아 어떻게 하면 밖으로 나오게 할까 고민입니다." - 부모 A

"대학 입학했지만 휴학과 복학을 반복하며 집에서 나가지 않고 있습니다." - 부모 B

"5년째 집에만 있는 20세 아이 엄마입니다." - 부모 C

"착실하게 중학생활을 마치고 고등학교 올라가서 친구도 안 만나고 열심히 공부한 아이에게 더욱 공부하라고 압력을 넣었습니다. 지난 학기 시험 망치고 너무 힘들어하다 계속 학교 안 가고 있는데 이 상황이 너무 무섭습니다." - 부모 D

"장기결석하면서 씻지도 않고 게임만 하는 아들 상황을 이웃이 알게 될까봐 다른 동네로 이사했어요." - 부모 E

이럴 때 몸과 마음이 무너지는 자식을 지켜보는 부모는, 처음 경험하는 상황을 어쩌지 못 해 갈팡질팡하거나 아이에게 혹시 정신적 이상이 있는 것은 아닌지 혼란을 느끼기도 한다. 어떻게든 학업은 마쳐야 한다는 부담감, 수업 일수에 대한 압박감 등으로 안간힘을 쓰기도 하다가 결국 장기 결석과 자퇴의 수순을 거치다 보면 갈피를 못 잡고 무기력을 느끼거나 심신 미약 상태에서 부모도 자식도 몸과 마음이 병들기도 한다.

가족모임 등에 의하면 10대의 은둔 원인 중 다수가 학업과 관련한 경우였다.

대개 상위권을 차지하던 학생들이 성적 하락 등으로 인한 현실을 인정하지 못 하고 방으로 숨어버린 케이스들이었다. 20대 이후의 은둔은 직장 생활 부적응, 인간관계의 좌절 등이 많으며 드물게 발달장애 등을 10대 후반에서 20대 초반 경에 발견하는 경우도 있었다.

집에서 안 나가기 시작하면 낮에 자고 밤에 활동하는 주야역전 현상, 과도하게 씻거나 반대로 아예 씻지 않는 현상, 잦은 편의점이나 배달 음식 섭취 등의 생활 모습을 공통적으로 보인다.

일본 드라마 <프리타, 집을 사다>와 <모래 그릇>

"그저 그런 집에서 태어나 그저 그런 학교를 나와, 그저 그런 직장에 들어와 그저 그런 인생이 이어질 것이다"라는 주인공의 독백으로 시작하는 드라마 <프리타, 집을 사다>는 오늘날 우리의 청년들과 별반 다를 것이 없어 보인다.

이력서를 뿌려 들어간 직장에서는 몇 개월을 버티지 못 하고 나오기를 반복하다 아르바이트를 전전하는 주인공. 어느 작은 토목 회사에서 비정규직으로 현장 일을 하며 사회에 대해 알아가던 주인공이 어머니의 우울증을 통해 성숙해서 가는 이야기는 한국에서도 많은 공감을 받았다.

기성세대들이 이루어 놓은 질서에 순응하지 못 하고 아르바이트를 전전하는 주인공, 가부장적이고 권위적인 아버지와 전업주부 어머니, 시어머니와 갈등하는 누나 등 우리 사회 어디에나 있을법한 흔한 가정의 모습이라 더욱 낯이 익었다. 그런데 한 가지 눈여겨 보았던 것은 드라마에 등장하는 '따돌림'이었다.

다들 어렵게 집 장만을 했던 동네에서 유독 주인공 세이지의 집만이 회사 자금으로 마련되었다는 이유로 따돌림이 시작되었던 것이다. 그리고 이러한 따돌림은 일본 드라마에서 빈번하게 등장하고 있다.

마츠모토 세이초 소설 원작의 〈모래그릇〉은 얼굴이 심하게 훼손된 중년 남자의 시신이 발견되는 것으로 드라마가 시작된다. 유력한 용의자는 촉망받는 작곡가이자 피아니스트인 와가 에이료. 그러나 와가 에이료와 피살된 남자의 관계가 도무지 연결고리가 없어 사건은 미제로 끝나 버리는 듯했다.

하지만 와가 에이료는 고아였다는 본인의 주장과 달리 신분이 세탁된 것이며, 그가 신분 세탁을 하지 않을 수 없었던 그의 어린 시절 사건이 밝혀진다. 와가 에이료가 어린 시절 살았던 시골, 평화로운 것 같았던 마을에 어느 날 댐 건설 계획이 들어서며 사람들은 찬성과 반대로 갈린다. 댐 건설 문제로 피폐해진 마을 사람들은 와가 가정을 심하게 따돌림으로써 스트레스를 해소하는 동시에 모종의 일체감을 느낀다.

지병을 앓던 엄마가 위급한 상황에서 진료마저 거부당해 죽음에 이르자 결국 와가의 아버지는 온마을에 불을 지르고 달아난다.

지명 수배범인 아버지와 함께 고난의 도망 길에 오른 어린 와가는 신분이 발각되는 날이면 잠시의 안주도 물거품이 되기에 필사적으로 신분을 숨기길 반복한다.

전혀 엉뚱한 곳에 화풀이를 함으로써 자신들의 억눌림을 배출했던 이지메 문화의 뿌리를 이 드라마가 보여주는 것 같아 기억에 오래 남았다.

희생양 하나를 정해 따돌림을 함으로써 집단의 스트레스가 그쪽으로 쏟아지면 집단의 일체감이 더 강해지곤 한다. 그리고 그 희생양은 당연히 가장 약자가 되기 마련이다. 따라서 이지메 대상이 된다는 것은 엄청나게 고통스러운 일이자 동시에 수치스러운 일이기도 했을 것이다. 그러한 분위기에서 차라리 방으로 들어가 나오지 않는 것이 가장 안전하다고 느끼는 히키코모리 현상은 오히려 자연스럽게 이해가 된다.

그러나 한국의 은둔형 외톨이 현상은 일본과 조금은 다르지 않나 하는 것이 나의 개인적 생각이다.

은둔의 스페트럼은 너무나 다양하다

은둔 혹은 고립의 스펙트럼이 매우 넓고 다양하다는 점도 주목

해야 할 것 같다.

10년 이상 집에서 한 발자국도 안 나가는 경우, 친구를 만나러 가끔 나가거나 편의점 등은 아무 때나 가는 경우, 기분 내키면 운동도 가고 아르바이트를 하기도 하지만 얼마 못 가 중단하고 나갔다 들어왔다를 반복하는 일명 간헐적 은둔, 취업 등이 장기간 안 되어 혹은 인간관계의 상처 등으로 일시적으로 하는 은둔, 취업만 잘 안 될 뿐인데 가족이 먼저 은톨이라고 단정하는 경우, 그리고 발달장애와 미세하게 겹치는 경우에 의한 은둔도 있다.

이렇게 보면 은둔 문제를 다뤄야 할 기관이 여성가족부인지, 보건복지부인지, 교육부인지조차 명확하지 않다.

어깨 너머로 본 일본의 지원체계

지난 2019년 요코하마에서 개최된 '한일 청년포럼'에 참석하여 히키코모리 지원가 출신인 아키히코 히구치 교수(도쿄 호세이대학)의 강연을 들을 기회가 있었다.

내용을 간추려 보면 다음과 같다.

일본의 청년문제는 1980년대엔 등교거부가, 90년대로 들어서며 부등교생들의 히키코모리화, 2000년대에는 프리타, 니트, 워킹푸어, 넷카페 난민 등으로 전락한 청년문제가, 2010년에는 블랙기업

문제와 더불어 80대의 부모가 50대의 장년 히키코모리 자녀를 돌보는 8050문제로 사회 문제는 변화의 추이가 있었다.

2010년 후생노동성의 『히키코모리 평가·지원에 관한 가이드라인』을 토대로 히키코모리 실태조사를 한 결과, 광의의 히키코모리(15세~39세)는 약 70만 명에 이른다는 발표가 있었다. 이를 바탕으로 2015년 생활곤궁자립지원제도가 실시되었고, 2019년에는 내각부에서 실시한 〈생활 상황 조사〉 결과 40~64세에 이르는 중장년 히키코모리가 약 61만 명에 이른다고 발표되었다.

이에 따르면 일본은 꾸준히 히키코모리 지원 정책을 펴 오고 있는데 정부의 실태조사, 지역 지원센터 구축 등의 공적 지원과 공교육의 부등교 지원 대책 수립 그리고 정부 정책의 위탁을 받은

2019 요코하마 한일청년포럼에서 한국측 참가자들과 대화중인 히구치 교수(왼쪽 가운데)

민간이 일본 전역에서 꾸준히 지원 활동을 펴나가는 협력 체제가
잘 구축되어 있는 것 같았다.

은둔형 외톨이 활동가들의 경험에 의하면, 강제력을 동원해 방
에 틀어박힌 아이들을 사회로 복귀시키는 움직임도 있었지만 강
제적으로 밖으로 나간 아이들은 지역의 지원센터가 그들을 위해
만든 '프리 스페이스'에 또 다시 틀어박히는 경향을 보였다고 한
다. 즉, 장소만 바뀌었을 뿐 틀어박히는 양상은 같았다는 것이다.

틀어박힌 청년들에게 효과적이라고 알려진 아웃리치(방문 상
담)는 당사자 접근이 워낙 어렵기 때문에 근본적 해결책이 되지
못 했다는 점과 이러한 방문 상담도 결국은 누군가 신청을 해야만
이루어진다는 점에서 가족의 중요성을 간과하지 말아야 한다.
또한 8050문제가 대두된 지금의 상황에서는 가족이 먼저 상담
을 받아 대화법 등을 훈련한 후 가족이 당사자에게 접근하는 방법
이 현재의 주류적 방법이라고 한다.
당사자를 나가게 하는 데에는 push 요인과 pull 요인이 있다. 가
족이 대등한 관계에서 이해하고 협력하여 당사자의 등을 밀어주
는 것이 push라면, 당사자의 다양한 상태에 대응할 수 있는 프리
스페이스, 공동생활 하우스, 돌봄을 병행한 유사 취업이라 할 수
있는 직장 체험 등 당사자가 움직이기 쉬운 환경을 조성해주는 것
이 pull이라고 할 수 있다.

이러한 push와 pull이 적절히 어우러져 당사자로 하여금 나가고
싶게 만드는 '계기'를 확실히 만들어야 하고 이러한 계기의 조성
에 대한 연구가 앞으로 더욱 필요하다는 것으로 강연은 마무리되
었다.

　　한일 청년포럼과 병행하여 실시된 일본의 '부모교류회'에 참석
을 하며, 은둔 문제는 일본 쪽이 좀더 심각한 양상이라는 느낌을
받았다.
　　10년 이상의 장기 은둔이 매우 많았고 자살 시도, 가족 폭행, 게
임비 지출로 인한 경제적 타격도 만만치 않았다.

부모교류회 모임

한국에서는 은둔형 외톨이 문제가 아직 청년 문제의 범주 안에서 다루어지는 분위기라면 일본은 자녀의 연령이 30~40대가 훌쩍 넘어가는 케이스가 많다 보니 연로한 부모들의 죽음 이후에 대한 대책까지 심각하게 논의되고 있었다.

부모교류회의 참석을 위해 야마가타현에서 새벽 4시에 출발하여 요코하마까지 왔다는 한 아버지와 이야기를 나누어 보았다. 히키코모리 생활을 하던 딸이 게임할 돈을 주지 않자, 자살하겠다고 리스트컷(손목 긋기)을 하며 엄마를 협박하는 일이 잦았다고 한다. 이런 일이 장기간 반복되자 부모는 노이로제 등 정신적 문제가 생겼지만 이웃이나 직장 동료, 친척 어느 누구에게도 말하지 않고 숨겼다. 그리고 그것이 결국 장기화된 원인이 되었다고 그는 말했다. 그러다가 히키코모리 지원단체를 알게 되어 공동생활 참여를 권유하여 현재 집에서 나와 있는데 지원단체에서 생활을 하게 된 이후 딸이 집에 없다는 사실이 요즘은 너무나 행복했다고 한다.

딸이 어떻게 해서 공동생활 참여에 동의했는지 물었다. 자기 친구들이 가정을 꾸리고 아이도 낳으며 살아가는 모습과 자신의 모습을 비교하며 많이 고민을 하는 것 같았다는 것이 그 아버지의 답이었다.

은둔형 외톨이 생활을 청산하고 믿을 수 있는 기관이나 단체에 자식을 맡길 수 있었던 부모들이 지원단체에게 보내는 감사와 신뢰는 옆에서 보아도 매우 깊어 보였다.

모토무 코보리 씨의 경우

정릉의 K2코리아에서 대표인 모토무 코보리 씨를 만났을 때 가장 마음이 움직였던 점은 그가 당사자 출신이라는 점이었다. 그는 16세 무렵부터 등교 거부를 시작하여 K2와 인연을 맺은 뒤 K2뉴질랜드에서 줄곧 공동체 생활을 했다고 한다.

물론 여러 번 공동체를 뛰쳐나와 반항을 했지만 그곳에서 학교에 진학하고 철이 든 후에는 다시 K2의 스태프로서 자신과 같은 청년들을 돕고 있다. 그의 이야기를 들으며 이런 사람이면 우리 아이를 이해할 수 있겠구나 하는 마음이 크게 작용을 했다.

다음은 모토무 코보리 대표의 글 ("나는 왜 사회적 기업 K2코리아의 대표가 되었나?")의 일부이다. 일본에서 히키코모리였던 그가 어떻게 은둔을 극복하고 변화되었는지가 잘 나타나 있어 소개한다.

나는 일본의 도쿄에서 북쪽으로 1시간 징도 떨어신 도치기현이라는 지방에서 태어나서 자랐다. 여섯 살 무렵 아버지는 일 때문에 혼자 지방에서 떨어져 살고, 집에는 한 달에 몇 번 정도밖에 돌아오시지 않았기 때문에, 집에서 나는 항상 어머니와 두 살 많은 누나, 두 살 어린 여동생에 끼여 남자 혼자만 있었다. 그때문인지 여자 같다고 친구들에게 놀림을 당하는 것을 아주 싫어했던 기억이 난다. 말수가 없고 얌전하고 늘 자신감이 없는, 그런 아이였다. 그래서 밝고 재미있는 사람들을 항상 동경하고 있었다.

초등학교까지 가려면 30분 정도 걸어서 등교를 해야 했다. 일본에는 사는 지역마다 몇 사람씩 한 줄로 서서 학교까지 걸어서 등교하는 '등교반'이라는 시스템이 있는데, 초등학교 4학년 정도부터 등교반의 한 살 많은 선배로부터 따돌림을 당했다. 하지만 그 선배는 쾌활하고 운동도 잘하고 나도 그 선배를 동경하고 있었기 때문에 설마 그 선배가 나를 괴롭히고 있다고는 부모님에게 차마 말할 수가 없었다.

하지만 교과서나 실내화가 더러워져 있는 것을 부모님이 보게 되면서 그 선배로부터 따돌림을 당했었던 사실을 들키고 말았다. 그래도 나는 왕따 따윈 당하지 않았다고 울면서 고집을 부리며 부모님에게 주장을 했던 기억이 난다. 학교는 즐거웠지만, 등교 반에서 그 선배를 만나야 하는 것이 너무 힘들어 학교에 가기 싫은 날들이 이어졌다.

초등학교 5학년 여름방학 때 부모님은 나의 왕따 문제 때문에 이사를 하여 학교를 바꿔주셨다. 나 때문에 여동생까지 전학을 하게 된 셈이다. 지금도 그것을 미안하게 생각하고 있다. 일본의 시골에서는 계속 살아온 곳에서 다른 지역으로 이사하는 것이 쉬운 일이 아니기 때문이다. 지금 생각하면 이사를 결단해준 부모님에게 감사하고 있다.

전학을 하고 학교가 바뀌었지만 새 학교에 적응하는 것 역시 어려웠다. 당시 나는 다른 사람들이 나를 어떻게 생각하고 있는지에만 항상 신경썼던 것 같다. 친구가 축구를 하고 있었기 때문에 축구부에 들어갔고, 친구가 나를 싫어할까봐 또한 극도로 신경을 썼다.

어찌어찌 중학교에 올라가 축구부도 계속했는데, 얼굴에 여드름이 많아 열등감이 있었고, 남과 얼굴을 마주보는 것조차 싫어했었다. 다른 친구들과 나는 다르다고 의식하면서 자신감이 점점 떨어져 자기부정감만 계속 쌓여갔다. 그러다가 중학교 2학년 무렵부터는 수업을 점점 빠지기 시작했고, 보건실 등에 다니게 되었다.

그 무렵에 한 친구로부터 "너 같은 건 이제 친구도 아냐!" 라는 말을 들은 것을 선명하게 기억하고 있다. 이렇게 친구한테 미움 받지 않으려고 노력해왔는데, 그 한 마디로 머리가 싸악 하얘졌고, '내 인생은 절망이고 이제 나는 끝이구나'라는 생각만 들었다.

그후부터, 어머니에게는 학교에 간다고 거짓말하고 학교에 가지 않고 게임 센터에 가거나, 좋아했던 낚시를 혼자 하러 가거나 하며 지냈다. 그러다가 당연히 학교에서 연락이 와서 내가 학교에 안 가고 있다는 것을 부모님에게 들키고 말았다. 왜 학교에 가기 싫은지 나도 말로 설명할 수가 없었다.

그날부터는 어머니가 매일 같이 울고 있었던 것을 기억한다. 어머니는 내가 무엇 때문에 괴로워하고 있는지 이해해주지 못 하는 것에도 괴로워하며 울고 있었을 것이다. 왜 나만 학교에 갈 수 없는지, 대체 뭐가 싫어서 부모님을 이렇게나 힘들게 하고 있는지, 나 스스로도 이해하지 못했다. 그저 미안한 마음으로 가득했다.

하지만 내 입에서 튀어나오는 말이나 행동은 그것과 완전히 정반대였다. 나는 부모님에게 폭언을 많이 했고, "죽어버릴거야!"라고 한 적도 있었다. 답답함을 참을 수 없어 부모님이 보시는 앞에서 물건들을 부수기도 하는 등 부모님을 더욱 힘들게 했다.

어머니는 정말로 매일 매일 울고 있었다. 우는 어머니 앞에서 나는 매일 아무 말도 못 하고 가만히 입 다물고 있었던 것이 기억이 난다. 아버지가 근무지에서 주말마다 돌아오시니까 아버지를 피하려고 가출한 적도 있었다. 부모에게 "나는 이렇게나 힘들단 말이에요!"라고 하듯이 내가 괴로워하는 모습을 보여주고 싶었던 것일지도 모른다. 나 스스로도 말로 표현할 수 없는 아픔을 부모님이 이해해주기를 바라며, 내가 이렇게 힘들다는 것을 부모를 괴롭히는 것으로 표현하려고 했던 것이다. 사실은 이해해주는 것만 바라는 것뿐이었는데, 부모님을 힘들게 하는 것밖에 할 수 없었다.

결국 그때의 나는 자기 자신의 불안과 갈등 밖에 생각할 줄 몰랐고, 이렇게나 나를 사랑하고 걱정해주는 부모를 힘들게 만들어버린 것이 정말로 정말로 미안했다.

그런 자포자기 상태가 되어버린 나에게, 가치관의 전환을 해주는 만남이 찾아왔다.

15세 때 부모님의 강력한 권유로 K2에 가게 된 것이었다. 물론 처음부터 순순히 따라갈 기분이 될 수는 없었다. 아무리 설득을 해도 계속 완강히 거부했다. 몇 달째 거부하다가 결국 부모님의 강한 설득으로 집에서 3시간 거리의 요코하마 관광도 할 겸 가족 다섯 명 모두 다 같이 요코하마로 가게 되었다. 그것이 K2와의 첫 번째 만남이었다.

그때 K2 스태프들이 해준 말 중에 "학교가 전부가 아니야. 학교보다 더 재미있는 것 하자!"라고 해준 말이 그 후에도 머릿속을 맴돌았다.

그 뒤에도 몇 달간은 K2에 가는 것을 계속 거부하고 있었지만, 여름방학에(학교에 가지 않으니 사실 '여름방학'은 아니겠지만……) 요트를 타고 한 달간 항해를 한다는 K2 프로그램에 참여하게 되었다.

태평양의 미크로네시아라고 불리는 섬들을 뉴질랜드에서 출발해 10인승 요트로 항해를 하고 다시 뉴질랜드에 돌아온다는 항로였다. 뉴질랜드 사람인 60대로 보이는 캡틴과 바누아투 사람인 크루와 K2 스태프, 그리고 동년배 멤버들 여섯 명과 같이 총 열 명이 한 달 동안 바다 위에서 생활을 함께 했다.

요트 위에서는 외해로 나가면 육지가 하나도 없고 광대한 바다와 하늘과 지평선 밖에 보이지 않는 광경이 영원처럼 이어졌다. 파도는 거칠 때도 있고 상냥할 때도 있었다. 돌고래나 고래를 만나기도 하고, 날치의 대군이 우리를 집중공격하기도 했다. 몇 시간씩 교대로 요트의 키를 잡으면서 주변을 살펴본다. 요트 위에서는 항상 서로 도와줘야 하며 약간 오버해서 말한다면 내가 하는 운전에 모두가 목숨을 맡기고 있는 것이다. 섬에 도착하면 섬나라 학생들과 축구를 하거나 같이 요리를 하기도 했다.

나는 이렇게나 큰 세계 안에서 아주 작은 것을 가지고 고민했었다는 생각이 들었다. 나만이 이상한 사람이라고 생각했었지만, 모두가 다 각인각색의 독특한 고민을 하고 있다는 것을 알고, 말로 표현하기 어렵지만 멤버들과 이야기하고 있는 것만으로도 아주 편안한 기분이 들었다. 나는 그런 귀중한 경험을 하게 되어 일단은 K2에 나의 몸을 맡기고 거기에 머물기로 했다.

그때부터 K2에서의 공동생활이 시작됐다. 공동생활은 결코 쉬운 것은 아니었다. 혼자가 되고 싶을 때도 있고, 나의 약한 모습, 부족한 모습도 모두 공개하게 된다. 남들의 시선이 특히 신경 쓰이는 나는 처음에는 적응하는 데 너무 힘이 들었다. K2에서 한 번 해보자고 마음을 먹은 후에도 싫은 일이 일어날 때마다 다 때려치워 바로 뛰쳐나갔고, K2 스태프들에게는 늘 폐를 끼쳤다. 하지만 그럴 때마다 멤버나 스태프들에게 도움을 받으면서 내가 조금씩 바뀌어 나간 것 같다.

나는 은둔하고 있었던 당시, 부모님에게도 선생님에게도 학교에 가고 싶지 않다고 이야기했다. 부모님이나 주변 어른들은 내가 왜 가고 싶어 하지 않는지를 필사적으로 생각했다. 공부가 싫은지, 학교가 싫은지…… 그런데 나는 말로는 학교에 가고 싶지 않다고 했지만 사실은 학교에 너무나도 가고 싶었다. 가고 싶지만 갈 수 없었던 것이다. 왜 가지 못 하게 되었는지, 어떻게 하면 갈 수 있는지, 학교에 가는 것이 애초에 좋은 것이었는지는 알 수가 없고, 그것은 사람마다 다 다를 것이다. 진심은 일도 하고 싶고, 자립도 하고 싶다. 부모님으로부터도 사회로부터도 인정을 받고 싶다. 하지만, 일하기 싫은 것은 아닌데도 일하지 못 하는 것이다.

히키코모리에 대해서는 다양한 오해가 있다. 가장 많은 오해는 학교에 안 가고 일하지 않는 젊은이들은 게으르다는 인식이다. 사실은 가고

요코하마 한일청년 포럼에서 **모토무 코보리**(좌), **오오쿠사 미노루**(우)

싶어도 못 가는 것이다. 누구든 언제든 은둔하거나 무중력상태에 빠질 수도 있다는 것을 알아줬으면 좋겠다. 혼자서도, 가족으로도 해결하지 못 하는 경우에는 일찍 제삼자의 도움을 받는 것이 더 효과적일 경우도 있다.

학교에 가지 못 했던 것을 마이너스 경험이라고 생각했었지만, 학교에 가지 않았기 때문에, 아주 당연하게 학교에 다니고 있는 아이들이 고민하지 않는 것들까지 많이 고민할 수 있었다. 덕분에 당연하게 학교를 다니는 아이들보다 훨씬 더 많은 경험을 할 수 있었다고 생각한다.

마이너스 경험이라고 생각했던 것들이 지금 나에게는 모두 다 필요한 경험이었다. 나는 학교에 가지 못 했기 때문에, 그런 사람들의 마음을 조금은 알 수 있다. '이런 나라도 다른 사람을 위해 뭔가를 할 수 있구나'라고 느낀 것으로 나는 자신의 나약함을 강점으로 바꿀 수 있었다.

한국에서 생활한 지 8년이 지났다. 아직 한국어를 유창하게 할 수는 없지만 한국을 아주 좋아한다. 5년 전에 한국에서 결혼도 했고, 한 아이의 아빠가 되기도 했다. 부모님에게도 K2에게도 아무리 감사해도 모자랄 정도로 감사하고 있다. 이 글을 쓰면서 과거를 돌아보니, 아직도 변하지 못 한 나 자신도 있다. 하지만, 10대 때 고민하던 시기와 지금이 결정적으로 다른 것은 나의 나약함을 알고 서로 도와줄 수 있는 친구들이 있다는 것이다.

'Pay it forward'란 내가 받은 감사와 은혜를 다른 사람에게 돌려주는 순환을 말한다. 내가 그동안 받아온 은혜를 릴레이처럼 지금 고민하고 있는 사람들에게 돌려주고 싶다. 내가 K2에서 히키코모리 지원이라는 일을 하고 있는 것도 그 이유 때문이다. '은혜 돌려주기(Pay it forward)'를 하면서 자기 자신을 긍정하고 있는 것인지도 모른다.

　　　　　　　　　　　　　　- 모토무 코보리(K2인터내셔널코리아 대표)

끝까지 희망을

　1957년 방콕의 한 사원, 고속도로공사로 인해 사원의 위치를 옮겨야 하는 일이 발생했다. 그 사원에는 거대한 진흙 불상이 있어서 크레인으로 불상을 들어올리는 데 엄청난 무게로 인해 불상에 금이 가기 시작했다. 게다가 비까지 내려 작업은 중단되고 불상은 비닐을 씌워 임시로 덮어두게 되었다. 그날 밤 한 승려가 파손된 부위를 점검하며 금이 간 곳을 플래시로 비추자 금간 틈으로 반짝이는 빛이 새어나왔다. 궁금해진 그가 조심스럽게 금이 간 진흙 부위를 걷어내자 진흙 아래 그 불상 전체가 황금으로 만들어진 것을 발견하게 되었다. 진흙은 황금 불상을 감추기 위해 덧입혀진 것이었다.

　옛 왕조시절 미얀마 군대가 태국을 침략했을 때 사원의 승려들은 거대한 황금 불상의 약탈을 막기 위해 진흙을 덧입혀 보잘 것 없는 모습으로 위장을 했다는 것이 역사학자들의 주장이다.

깨어진 진흙 불상 속에 찬란한 황금 불상이 감추어져 있었다는 이야기를 신화학자 조셉 캠벨은 이렇게 이야기한다.

"사람은 저마다 고결하게 태어났으나 커가면서 사회의 여러 가치관이 주입되고 온갖 사건을 경험하며 '진흙 부처'가 되어 버리지요. 그러다가 살아가며 균열을 일으키는 뭔가가 옵니다. 몸이 아프거나, 파산하거나, 실패하거나, 실직하거나 등등의 시련이 오는 때가 있지요. 이런 균열이 일어나는 때가 바로 진흙의 갑옷이 떨어져 나가는 때입니다."

위기는 위험인 동시에 기회라고 한다. 새로운 삶을 맞이하기 위해서는 익숙했던 삶을 기꺼이 떠나보내야 한다.

방 밖으로 나가는 것이 두려울 수 있지만 그럼에도 불구하고 한 발자국 내딛는 용기가 필요하다. 두려움에도 불구하고 한 걸음씩 발을 내디딜 때 편안함을 느끼는 공간 또한 커져갈 것이다.

자녀의 은둔을 지켜보는 부모와 가족들은 이것이 한 가정만의 문제가 아니라는 것을 알았으면 좋겠다. 입시 성적이나 진학, 취업 같은 무한경쟁, 각자도생의 전쟁터가 결코 정상은 아니다. 따라서, 우리 자녀들은 결코 도태된 것이 아니다. 그릇된 것은 그릇되었다고 단지 온몸으로 반응하고 있는 것이라고 생각해 주면 좋겠다.

영화 〈라이프 오브 파이〉의 원작소설, 얀 마텔의 『파이 이야기』는 호랑이와 함께 구명보트에서 태평양 한복판을 표류하는 소년 파이가 등장한다.

언제 구조될지 알 수 없는 망망대해, 구명정 하나에 의지해 가까스로 버티기도 힘든 상황에서 길들여지지 않은 호랑이와 한 배를 탄 것이다. 파이는 '구조'를 기다리기 이전에 매 순간, 순간을 '리처드 파커'라는 호랑이로부터 잡아먹히지 않기 위해 안간힘을 쓴다.

혼자 먹어도 모자랄 물고기를 호랑이에게 던지기도 하고, 언제 달려들지 알 수 없는 호랑이로부터 간격을 유지하기 위해 따로 불편한 뗏목을 만들어 거리를 유지한다. 그리고 하루 하루를 바쁘게 살았다. 증류 장치를 이용해 물을 만들기도 하고, 낚시로 물고기를 잡고, 잡은 고기를 말리고, 틈틈이 일기를 쓴다. 그리고 다음과 같은 네 가지 원칙을 가지고 긴 표류를 견뎌낸다.

첫째, 현재 가지고 있는 물품이 무엇인지 파악한다.
둘째, 각자가 고유한 자기 영역을 확보한다.
셋째, 불필요한 일로 소모되는 에너지 낭비를 줄인다.
넷째, 호랑이를 길들이며 끊임없이 소통을 연습한다.
다섯째, 무엇보다 희망을 버리지 않는다.

파이 이야기 속의 상황이 어쩐지 이중 삼중의 어려움에 봉착한 우리 모습과 다르지 않아 보인다.

구명보트에 실린 통조림과 비스킷, 낚시도구, 일기장… 파이는 구명보트에 실린 물품 목록을 만들고 그것을 최대한 활용했다.

주변의 인적 자원, 물적 자원, 정신적 자원 등 활용할 수 있는 것들을 챙겨본다. 가족의 마음이 가장 중요한데 가족 모두가 마음을 합하여 함께 여행하고 함께 여가 시간을 갖고 치료에도 최선을 다한 결과 현저하게 좋아져서 사회로 복귀하는 사례도 보았다.

그러나 불행히도 그런 여건이 안 될 경우에는 믿을 만한 공동체, 건강한 종교 단체도 훌륭한 대안이 될 수 있을 것이다. 어느 곳이든 건강하고 안전한 공동체를 찾아 함께하는 것은 매우 중요하다.

길들여지지 않은 호랑이로부터 적당한 거리를 유지한다. '남극형 증후군'이라는 말도 있듯이 고립된 공간에서 오랜 시간 함께 있을 땐 구성원이 폭력적으로 변하기 쉽다는 보고도 있다. 힘이 들더라도 규칙적으로 운동이나 산책을 한다거나 몰두할 수 있는 취미나 영역을 만들어 자신의 삶을 살아가도록 한다.

긴 싸움이 될 수도 있다. 아이는 마음대로 하지 못 해도 부모 스스로의 몸과 마음은 컨트롤할 수 있다. 지금 당장 어찌할 수 없는 것에 마음을 끓이기보다 스스로의 건강을 먼저 지켜야 한다. 전문가들의 공통된 견해는 자식의 문제에만 몰두하여 심신을 지치게 하지 말고 부모는 부모의 삶을 살아갈 것을 권한다. 부모는 아이를 최전선에서 대하는 사람이기 때문에 부모가 절망하거나 포기하는 태도는 곧바로 영향을 미칠 수 있다.

같은 상황이 오래 지속되면 부모, 가족도 그 상황에 익숙해져 버릴 수 있다. 익숙함에 길들어 무뎌지지 않도록 한다. 끊임없이 소통을 연습한다.

자조 모임이나 가족 모임 온라인 카페 등에는 당사자도 부모도 함께 하는 경우가 있다. 자식의 마음을 도무지 알 길 없었던 부모들은 자녀 또래 당사자들의 이야기를 경청하며 비로소 자기 자녀의 마음을 이해하는 경우도 많았다.

부모가 포기하지 않았음을 알게 하는 것, 그리고 실제로 나아질 것이라는 믿음! 그 신뢰에 힘입어 아이는 변한다.

리버티
아들의 자퇴를 계기로 '은둔형 외톨이'에 대해 관심을 갖게 되었고 당사자와 가족을 위해 네이버 카페 <은둔형 외톨이 가족모임>을 만들었다. 일본의 지원공동체 및 부모모임과도 교류를 가지며, 다양성이 인정되고 조금은 더 너그러운 어른들이 많아지는 사회를 꿈꾸고 있다.
raindrop12800@gmail.com

은둔형 외톨이 지원 단체와
은톨이를 위한 가이드

-리버티(공무원, 은둔형 외톨이 가족모임 대표)

1. 은둔형 외톨이 지원단체

'카페라떼'와 '무중력 청년'

아이가 자퇴하고 방에서 잘 안 나올 초기에는 말할 수 없이 불안했다. 이런 현상을 그때까지 주변에서 접한 경험도 없거니와 사춘기라서 그런 건지, 게임 중독인지, 정신적 문제인지 도무지 알 수 없었다. 적절히 상담할 만한 곳도 없어서 거의 매일 인터넷 검색을 해보는 것이 일이었다.

불안한 마음으로 인터넷을 뒤지던 그 당시에 놀랐던 두 가지가 있다. 첫째는 은둔형 외톨이에 관한 도서나 자료 혹은 지원단체

등이 놀랄 만큼 없었다는 것이고 그럼에도 불구하고 이러한 사람들이 의외로 또 너무나 많았다는 사실이다.

서점 등에서 구입할 수 있었던 전문 서적은 『은둔형 외톨이 – 그 이해와 치료법』(사이토 다마키, 2012)와 『스타벅스로 간 은둔형 외톨이』(이소베 우시오, 2009)의 두 권이었다. 여인중 박사님의 『은둔형 외톨이』라는 책도 있었는데 절판이라 당장 구하기는 어려웠다.

우선 그 두 권을 읽으며 어느 정도 개념은 잡을 수 있었고 여인중 박사님 진료는 그 후 1년 여쯤 후에 이루어질 수 있었다.

여인중 박사님과의 만남으로 아이는 자신의 속 이야기를 많이 털어놓은 것 같았다. 나 역시 은둔형 외톨이들을 많이 관찰했던 전문가의 면담으로 한결 가벼워진 마음으로 그 다음을 버틸 수 있는 '희망'을 붙잡은 것 같았다. 아이에게도 본인에 대한 긍정적이고 상징적인 사건이 되지 않았을까 싶다. 전문가의 만남이 중요하다는 것을 비로소 실감했다.

우리나라 은둔형 외톨이 연구의 권위자라 할 수 있는 여인중 박사님은 이미 20여 년 전부터 사이토 다마키 등과 함께 한국과 일본의 은둔형 외톨이들을 비교하며 많은 연구를 하셨지만 당시에는 이 분야의 심각성이 그다지 부각되지 않았던 듯하다.

방에서 잘 나오지 않는다고 해서 무조건 은둔형 외톨이라고 볼 수는 없고 본인이 집 밖을 나가지 않아도 불편하거나 괴로워하지 않고, 스스로 경제적 생산성을 갖추고 있다면 은둔형 외톨이라고 볼 수 없다는 것이 여인중 박사의 주장이다. 조직에 속하는 것만 정상으로 여긴 부모의 패러다임을 바꿔 새로운 생활 방식으로 인정해야 한다는 것이다.

일례로 예술 창작, 모형 제작 등으로 경제적 자립이 가능하고 이런 생활을 만족하고 행복해 하는 경우, 즉 방 안에서 자신이 하고 싶은 일을 하며 살아가는 이런 경우는 결코 은둔형 외톨이라고 할 수 없다는 것이다.

일본의 히키코모리들이 '에스프레소'라면 한국의 경우는 '카페라떼'로 비유할 수 있는데, 집단을 중요시하는 일본과 기질 면에서도 다르기 때문에 한국의 은둔형 외톨이들은 여건이 되면 밖으로 나올 확률이 상당히 높다는 것이다.

여 박사님은 이후 은둔형 외톨이 가족모임 등에 실제적으로 많은 관심을 기울여 주셨고 타악기 치료 프로그램 등도 마련해 주셨기에 그 고마움을 잊지 못 한다. 타악기를 이용한 리듬치료, 캠프, 서포터즈 제도 등 그의 주장을 눈여겨 볼 필요가 있다.

하자센터의 '이충한' 대표는 '유자살롱'이라는 사회적 기업을 일구어 고립된 청소년과 청년들을 도와 왔다. 아이가 갈 만한 곳을 찾으며 미친 듯이 검색을 할 무렵 찾아낸 '유자살롱'은 음악에 빠진 아이에게 딱 맞는 곳 같았다.

학교를 자퇴하고 어디에도 매인 곳 없이 '붕' 떠있는 것 같은 학교밖청소년들을 무중력 상태에 놓인 것 같다 해서 '무중력 청소년'이라 이름 붙인 것도 마음에 들었다. 그러나 '유자살롱'을 찾아냈을 때엔 이미 그곳이 문을 닫은 후였다.

그리고 몇 년 후 이충한 대표가 청년재단 부모교류회에 강의를 하러 왔고 강연을 계기로 유자살롱에 대한 이야기를 책으로 엮은 『유유자적 피플』(이충한, 2014)이란 책을 읽으며 무중력 청소년들에 대한 그의 애정과 만날 수 있었다.

수많은 학교밖청소년들이 쏟아져 나오지만 대안학교와의 연결은 얼마 되지 않고 나머지는 각자 알아서 혼란하고 불안한 시기를 보내는 청소년과 청년들을 '음악'이란 코드로 보듬으려 했던 유자살롱의 노력들을 기억하고 싶다. (그는 여전히 지금도 하자센터에서 무중력 청소년들과 만나고 있다.)

이후 『비노동사회를 사는 청년, 니트』(이충한, 2018)라는 책으로 이충한 대표는 본격적으로 니트(NEET: NOT IN EDUCATON, EMPLOYMENT OR TRAINING) 담론을 이끌어 낸다.

은둔형 외톨이, 취준생, 백수 등 다양한 말로 일컬어지는 니트는 이제 더 이상 개인의 문제가 아니라는 것이다.

니트는 특정한 어떤 사람이 아니라 어떠한 상태를 지칭하는 것이며 살다 보면 누구나 무기력하고 우울한 상황을 겪으며 고립 무위의 상태가 될 수 있다. 그러므로 사회는 이들을 무중력 상태에서 끌어당길 수 있는 제도적 장치의 마련이 필요하다는 것이다.

문제의 원인을 사회 구조적 차원에서 짚고 대안을 제시했다는 점에서 그의 주장을 주목할 필요가 있다.

지원의 첫 시작, 청년재단

우리나라에서는 정부 차원에서는 공식적으로 은둔형 외톨이 문제에 관하여 실태조사를 한 적이 없다. 사회적으로는 나태한 청년 개인의 문제로 혹은 예비 범죄자 정도로 인식되기 쉬운 환경에서 청년재단은 은둔형 외톨이 문제를 국내에서 공식적으로 처음 지원한 민간단체가 아닐까 한다.

청년 취업 지원에 주력하던 청년재단은 2018년경부터 지원의 사각지대에 놓인 고립 청년들의 지원 방법을 모색하다가 은둔형 외톨이 청년에 주목하기 시작했다. 당시 전문 단체로는 거의 유일했던 'K2인터내셔널'을 접점 삼아 요코하마 본사를 비롯하여 일본의 여러 다른 지원 기관들을 수차례 돌아보며 민간 기관으로서는 최초로 '청년체인지업프로젝트'라는 지원 프로그램을 마련하였다.

청년재단은 직접 대상자들을 발굴하여 사회적응 및 관계 형성을 위해 K2인터내셔널 및 리커버리센터 같은 생활공동체에 입소하게 하였다. 또 당사자와 멘토를 연결하여 자기 계발 및 문화ㆍ

예술 경제교육 등 지원하는 프로그램도 실시했다. 고립 청년을 자녀로 둔 부모들을 대상으로 '부모교류회'를 마련하고 전문가 섭외를 통한 강연과 자조모임 마련 등 청년재단 고립청년 지원은 분야 최초의 뚜렷한 족적을 남겼다.

　고립청년 지원 프로그램인 '청년체인지업' 사업은 현재 3년째 꾸준히 이어지고 있으며 그 결과 실제로 회복되는 청년들이 늘어가고 있다. 이후 '학교밖청소년지원센터', '서울시청년활동지원센터' 등 청년지원 기관에서도 청년재단과 유사한 프로그램을 이어가고 있다.

2019 청년체인지업 참가자와 부모들

국내 최초의 은둔형 외톨이 지원 공동체, 리커버리센터

'리커버리센터'는 한국형으로 한국인에 의해 국내에서 문을 연 최초의 은둔형 외톨이, 미자립 청년 지원 공동체이다.

도시빈민 청년들과 함께 생활하는 그룹홈 〈나들목 바나바하우스〉가 그 모태였다.

바나바하우스의 공동생활 경험을 은둔형 외톨이 등 사회 생활 경험 지원이 필요한 청년들에게 접목시켜 한국형 고립청년 지원 공동체의 모델을 제시한 곳이다.

바하밥집은 도시 주변에 소외된 이웃들에게 따뜻한 밥 한 끼를 제공하면서 그들과 인격적인 관계를 맺어 자활을 돕는 비영리 단체이다.

바하밥집 김현일 대표가 노숙인들에게 처음 대접한 식사는 컵라면 다섯 개가 전부였다. 그러나 지금 바하밥집에서는 700여 명의 노숙인과 독거노인들에게 식사를 대접하고 있으며, 무료 급식뿐 아니라 그들의 자활을 돕기 위해 주거 시설 지원, 인문학 수업(심리 치료), 자활 지원 (의료, 법률, 복지 행정), 직업 교육 등 여러 프로젝트를 진행하고 있다.

                                       – 바하밥집 홈페이지 소개글

6호선 보문역에서 도보 5분 거리에 위치한 리커버리센터는 2019년에 문을 열었다.

신문보급소를 할 때 문을 열어놓은 보급소에 동네의 아이가 살

리커버리센터 회복의 종

그머니 들어와 밥을 먹고 있는 것을 보고 데려와 밥을 먹이고 같이 살기 시작한 것이 계기가 된 도시빈민 사역 '바하밥집'(대표 김현일)이 공동생활의 시초가 되었다.

노숙생활을 해 본 경험이 있던 김현일 대표는 지금의 고립청년, 은둔형 외톨이 청년들을 외면하고 놓아둔다면 이들이 언젠가 노숙인으로 전락할 수도 있겠다는 위기감이 들었다고 한다.

그리하여 2018년, 미국 시애틀의 도시빈민단체들인 '페어스타트'(FareStart), '리커버리 카페'(Recovery Cafe), '쥬빌리하우스'(Jubilee House), '컴퍼스하우징연합'(Compass Housing Alliance) 등을 탐방하면서 한국 문화에 맞는 프로그램들을 개발하여 리커버리센터가 문을 연다.

현재 리커버리센터에는 10여 명의 청년들이 숙소 아래 위층에서 함께 생활하고 있으며, 함께 생활은 안 하더라도 집에서 통학하며 참여하는 경우도 있다.

가정적 요인이든, 대인기피나 불안장애든 사회적으로 고립된 청년들은 생활 리듬이 깨어지면서 관계 맺음의 기회가 줄어들며 고립의 악순환에 빠지기 쉽다. 밤낮이 바뀐 생활을 하다보면 영양 부족으로 건강도 나빠지기 마련이다. 그러나 아침에 일어나 저녁에 자고 제때에 식사를 하는 규칙적인 생활을 하는 것만으로도 체중조절과 감정조절은 어느 정도 균형을 잡아 갈 수 있다는 것이 공동생활의 이점이다. 따라서 규칙적인 생활을 한두 달만 하면 청년들이라 회복이 빨라서 금방 정상 생활을 할 수가 있다고 한다. (10년 가까이 집 안에서만 생활해서 비만이던 청년이 공동생활을 시작하면서 3개월만에 20킬로 이상 감량되어 건강을 회복한 사례도 있다.)

처음 들어와서 갑자기 여러 사람들과 생활하는 것에 어려움을 느끼는 경우도 있지만 통상 3개월~5개월을 잘 넘기면 이후에는 잘 적응한다고 한다. 최근 리커버리센터는 시설의 보호송료 청년들을 보듬는 프로그램도 함께 진행하고 있다.

한일 생활공동체, K2인터내셔널 이야기

정릉에 위치한 K2인터내셔널코리아를 처음 방문했을 때 모토무코보리 K2인터내셔널코리아 대표는 부모와 자녀가 오래 한 공간에 있다 보면 서로 의존하게 될 수 있어 회복에 도움이 되지 않으며 환경을 바꿔 주는 것이 중요하다는 것을 강조했다.

아이가 '얼터너티브 유학'이라는 프로그램으로 본사가 있는 요코하마로 가게 된 것을 계기로 나에게도 일본의 지원체계를 살펴볼 수 있는 기회가 있었다.

K2 요코하마의 부모모임

k2코리아 옥상파티

　　K2인터내셔널 그룹은 원래 재일동포인 카나모리 카츠오가 운영
하던 요코하마의 요트회사였다. 1980년대 버블 호황으로 요트 사
업은 큰 수익을 내고 있었는데 요트 붐을 더욱 일으키기 위해 미
래의 고객인 청소년들을 육성하는 기획을 했다. 그러나 청소년들
을 태우고 태평양 섬 주변을 1, 2개월 정도 오가는 요트 항해는 시
간이 많이 걸리기 때문에 시간적 여유가 많은 부등교 청소년(학교
밖 청소년)들을 참여시키게 되었다.

　　요트 항해는 공동생활의 결정판이다. 갈등하고 싸워도 사방이
바다 뿐인 요트 밖으로는 나갈 수 없고 오직 요트라는 공동의 공

간에서 해결해야 했다.

그리고 그 항해를 하며 처음엔 매우 소극적이었던 부등교(不登校)생들이 '배'라는 물러설 곳 없는 공간에서 항해를 하다 보니 몰라보게 달라지게 되어 부모들이 매우 좋아했다. 그러나 이들이 항해를 마치고 다시 집으로 돌아간 후에는 전과 같은 상태로 돌아가는 것을 보며 공동생활의 필요성을 절감했다고 한다.

좀더 체계적인 활동을 위해 요트 선진국이었던 뉴질랜드에서 요트 활동을 하며 청소년들과 공동생활을 하게 되었고 이를 계기로 지금의 'K2인터내셔널'이 생겨나게 되었다. 현재 K2인터내셔널의 주요 스태프들은 20여 년 전 항해에 나섰던 소년들이었다.

요코하마 마을공동체를 몇 번 오가며 느낀 점은 민간단체가 은둔형 외톨이 문제에 30여 년간 열중해 왔다는 점이다. 은둔 문제 이외에도 발달장애 등 다양한 청장년들이 공동생활에 참여하며 K2가 운영하는 제과점, 카페, 식당 등의 일터에서 자립을 위한 직업 훈련의 기회를 제공받을 수 있는 점은 어느 지원단체와도 다른 K2만의 독특함이라 할 수 있다.

지금의 K2가 있기까지는 K2에서 어린 시절부터 성장한 스태프들의 헌신이 있었기 때문인 듯하다. 또한 그들 뒤에는 물론 K2 인터내셔널 그룹의 대표 카나모리 카츠오의 강력한 리더십이 자리 잡고 있다고 생각한다.

2. 고립청년 지원에 대해 바라는 몇 가지

각종 청년 지원에서도 더 불리한 고립 청년들

'청년수당' 지원을 위해 계획서 쓰는 것을 도와달라는 요청이 있어 지원서 양식을 내려받아 살펴 볼 기회가 있었다.

작성에 어려움을 느낀다는 당사자와 함께 지원서 작성을 도와주었던 경험을 돌이켜보면 이 분야 역시 경쟁이 치열하다는 것과, 우리나라 니트 혹은 실업 청년의 절반 이상이 고졸 이하임을 감안하면 지원제도 자체 역시 고학력자에게 유리한 구조라는 사실을 절감했다.

청년 수당제도의 취지는 청년들이 자신의 미래를 기획하는 자율적인 활동을 직접 지원해 보자는 것이다. 활동 계획서를 제출하고, 서울시는 이 계획서를 바탕으로 청년을 선정하여 심리상담, 진로탐색 등의 서비스와 함께 활동 기간 동안의 소득을 보장해 준다. 6개월 동안 월 50만원의 현금을 주는 '청년수당' 제도는 일본의 지원전문가들도 인정한 매우 좋은 지원 사례이다. 그러나 청년수당 수혜 청년으로 선정되는 것 자체도 역시 경쟁이다.

자기계발이나 각오 등 뽑히기 위해서 어필하고 작성해야 할 내용들이 어쨌거나 대졸 이상의 고학력 청년들에게 유리하고 다른 지원제도 역시 이와 크게 다르지 않아 보인다.

고립 청년들은 상당수가 자퇴와 학력 단절로 인해 배움의 길에서 멀어진 경우가 많다. 이들이 일반 청년들에 비해 각종 지원에 적극적으로 다가가는 일 자체도 드물거니와 혼자 작성하는 데에 어려움을 느끼는 경우 또한 있을 수 있다. 이들을 위한 특화된 지원이 필요하고, 그러기 위해선 지원 조례 제정이 필요하다.

사각지대에 놓인 중장년 은둔형 외톨이

은둔형 외톨이 가족모임 카페의 운영자로서 각종 지원제도를 검색하고 공유하는 일을 많이 하다 보니 최근 들어 고립청년들에 대한 지원 프로그램이 지자체와 청년 관련 단체들로부터 다양하게 쏟아지는 편이다.

아직 이런 쪽의 지원 역사가 길지 않다 보니 대부분 단기간에 그치긴 하지만 그래도 한두 번 참여하다 보면 서서히 사회 복귀와 회복의 길잡이가 되어 줄 수 있는 계기가 될 수 있어 매우 바람직한 현상이긴 하다.

그러나 대부분의 지원 자격이 34세 이하 혹은 39세 이하로 한정되어 있다. '청년'이라 불릴 수 있는 합당한 연령이 그 정도라는 것이 상식적일 것이나 고립되어 은둔형 외톨이 생활을 하는 그 연령대의 청년들도 언젠가는 40대가 된다. 40대가 된다고 크게 달라질 것이 없다는 것은 자명하다. 또한 각종 지원단체들은 지원을 했을 때 어느 정도의 '성과'가 나타나야 하기 때문에 고연령층일수록 변화의 가능성이 멀어 대상 연령을 높이기가 쉬운 일이 아니라는 것이 담당자들의 생각이다.

1회성 지원과 비정규직 담당자

학교밖청소년지원단체 등을 비롯한 크고 작은 청년, 청소년 지원단체에서 직접 고립 청년들을 대하는 교사 및 담당자의 많은 수가 단기 계약직이라는 보도가 있었다. ("이제 마음 열었는데…" 8개월마다 바뀌는 하남 꿈드림 선생님들, 뉴시스 2021. 7. 27.)

공기업과 민간 단체에도 비정규직이 상당수를 차지하는 현실을 감안하면 어렵지 않게 짐작할 수 있는 현실이다. 문제는 이런 현실이 꾸준하고 지속적인 인간관계를 통해 고립 해소와 회복을 필요로 하는 당사자들에게 '장기적인 유대와 안정적인 상담'을 기대하기 어렵게 한다는 것이다. 보도에 의하면 담당 교사 및 관계자의 절반을 훨씬 웃도는 비율이 8개월 정도의 단기계약직이라는 사실은 충격적이다. 아무리 좋은 프로그램이 있다 하더라도 담당자의 잦은 교체로는 실질적인 효과를 기대하기도 어렵고 이 분야의 지원 전문가가 나오기는 더더욱 어려울 것이다.

일본은 20여 년 전부터 국가와 지자체에서 다양한 지원을 실시하고 있는데, 주목해야 할 것은 꾸준히 지원전문가와 활동가들이 일에만 전념할 수 있는 여건이 만들어진다는 점이다. 우리처럼 한시적 정책으로 '사업' 예산 책정이 끝나고 담당자도 바뀌다 보면 지원 전문가가 양성될 수 있는 환경 조성이 어려워지는 것은 뻔한 일이다.

지원 조례 및 제대로 된 실태조사가 꼭 필요

은둔형 외톨이 지원조례를 전국에서 최초로 제정한 곳은 광주광역시이다. 광주광역시에서 활발히 활동하고 있는 오상빈(광주광역시 동구청소년상담복지센터 센터장) 박사는 지역의 은둔 청년, 청소년들을 직접 찾아가는 가정방문 상담 프로그램 모형을 개발하였고 이를 토대로 은둔형 외톨이 지원 조례에 대한 필요성을 일찍부터 강조하였다.

오상빈 박사는 시의원들을 설득하여 2019년에 '은둔형 외톨이 지원조례'(신수정 의원 발의)가 전국에서 최초로 제정되도록 이끌었으며 인구센서스 조사를 활용한 은둔형 외톨이 실태 조사를 주장한 바 있다.

광주에서 지원조례가 제정된 이후 다른 지자체에서도 잇달아 제정하거나 제정을 준비 중인 것으로 알려져 있다. 지원조례가 제정 되어야 비로소 지원을 위한 구체적인 프로그램과 지원기관 마련 등의 실질적인 지원이 가능해진다.

50대의 히키코모리 자녀가 80대 부모의 연금으로 생활하고 있다는 일본의 '8050 문제'는 여러 차례 보도된 바 있다. 이것은 먼 남의 일이 아니다. 은둔 연령의 조기화, 은둔의 장기화 등은 최근 코로나로 비대면이 늘어난 가운데 더욱 가속화될 것으로 보인다.

고립된 청년들, 학업 중단에 대한 고민

10대 은둔의 상당수가 진학 관련 학업 문제와 관련이 있을 것으로 추정된다. 그외에도 다양한 원인이 있을 수 있다. 학력을 중요시하는 우리 사회에서 학업 중단이 무엇을 의미하는지 모르는 사람은 없을 것이다.

10대 은둔 청소년들 중에는 몇 년의 은둔을 했었더라도 검정 고시 등을 거쳐 대입을 하는 케이스도 적지 않다. 그리고 그렇게 진학에 성공한 청년들일수록 한 번 맛본 자기 효능감으로 인하여 회복도, 사회 재진입의 가능성도 매우 크다. 그러므로 고립된 청년들이 중단된 학업을 어떻게 해서든 이어갈 수 있도록 하는 것은 매우 중요하다.

일본의 경우는 부등교학생의 연령이 점차 어려져서 초등학교 단계에서도 부등교가 많아지자, 2016년 '의무교육단계에서 보통교육에 상당하는 교육 기회의 확보 등에 관한 법률'(교육기회확보법)을 제정했다.

2014년 조사에 따르면 장기간 학교에 가지 않는 학생이 하루 180명 꼴로 발생했다고 하며 이같은 추세가 계속 되자 굳이 정규 학교를 다니지 않고 대안학교 등의 교육과정을 이수해도 동등한 학력으로 인정한다는 취지의 법률이 제정된 것이다.

우리나라는 초 · 중등교육법 제8절 각종학교 항목으로 제60조 3항에 대안학교법을 두고 있긴 하지만 대안학교를 졸업했다고 해서 학력을 인정해 주는 것은 아니다. 즉 어떠한 대안 교육기관에 다녔든 검정고시를 따로 치러야 학력 인정이 되는 것이다.

"일본 문부과학성 보고에 따르면 2014년 초·중학교 전체학생 1012만 736명 중 연간 30일 이상 등교하지 않은 부등교자는 12만 2902명에 달했다. 이중 5만 7095명은 이미 그 전 해부터 학교를 나오지 않았고, 나머지 6만 5807명은 새롭게 부등교한 학생인 것으로 나타났다. 전체 학생의 12.1%에 달하는 수준이다. 일본 내각부의 2015년 『자살대책백서』에 따르면 1972~2013년 사이 자살한 16세 이하 아동·청소년 수는 1만 8048명으로 특히 여름방학 후 2학기가 시작되는 시점에 자살하는 건수가 높은 것으로 보고됐다.

단순히 학교에 가기 싫다는 수준을 넘어서 학교에 가는 것이 죽는 것보다 싫은 아이들이 늘어나고 있는 것이다. 결국 일본 각지에서 대안학교를 운영해온 교사들과 학부모들은 지속적으로 법안 제정을 촉구했고, 초당파의원연맹은 이들의 요구에 따라 법률안을 만들었다. 그러나 반대의견도 팽팽했다. 자의든 타의든 학교를 벗어나 국가의 의무교육을 받지 않겠다고 거부한 학생들에게 기존 학생들과 동등한 형태의 의무교육 이행을 인정하는 것이 정당한지 여부가 도마에 올랐다. 일본 자민당 보수파 의원들과 공산당 의원들은 공교육의 틀을 개선하는 방식으로 학교밖 아이들을 수용할 방안을 먼저 마련하는 것이 순서라고 주장했다. 이탈자를 인정하는 순간 이탈이 가속화될 것으로 예측한 것이다.

이러한 반대로 교육기회확보법은 기존의 발의안보다 상당 부분 후퇴할 수밖에 없었다. 결국 현재의 교육기회확보법은 대안학교가 독자적인 커리큘럼을 가지고 공교육과 동등한 형태의 의무교육을 실시하는 것을 인정하지 않는 형태로 만들어졌다. 다만 이념적으로나마 대안교육을 법으로 인정했다는 부분은 높게 평가해야 한다는 의견이 많다. 실제 해당 법률 및 부칙에는 프리스쿨 등에서 배우는 아이들의 의사도 존중돼야 한다는 점과 그 배움을 정부가 재정적·시스템적인 측면에서 지원해야 한다는 점 등이 명시돼 있다."

(주간경향 2018. 03. 06.)

이처럼 은둔 및 등교 거부의 연령이 어려지고 있는 추세는 이미 우리나라도 예외가 아니다. 질병이나 발달 장애 등을 제외한, 초등학생 등교 거부자는 가족들이 밝히기를 꺼릴 뿐이지 우리 주변에도 이미 드물지 않다.

더구나 코로나로 인하여 더더욱 집에 머무는 시간이 많아지고 초고속 인터넷망과 높은 스마트폰 보급률은 어쩌면 이러한 은둔 연령의 조기화를 더욱 가속화시킬 수도 있다.

중간적 일자리의 필요성

2019년부터 2021년 어간에 청년(실업) 문제와 더불어 고립청년의 문제가 불거지면서 조금씩 언론에 기사화되는 경우가 늘어나고는 있다. 그러나 정작 중요한 것은 가족과 당사자들의 직접적인 목소리이다.

고립청년들에 관한 연구나 지원단체 관계자들의 토론회도 간혹 있지만 가장 우선은 당사자의 목소리가 중요한데 당사자들이 은둔해 있으므로 은둔 경험이 있었거나 은둔을 극복한 당사자들의 목소리라도 어떻게 해서든 찾아내야 한다.

고립 생활이 길어질수록 사회 복귀가 어려운 것은 사실이고 그렇다면 당장 학교나 직장에 가기 어려운 당사자들이 눈치 보거나 실패를 두려워하지 않고 사회 생활을 '연습'해 볼 수 있는 중간적 일자리, 대안적 교육기관 등이 매우 절실하다.

조기 예방 대책 마련이 시급

2020년 산케이신문은 일본의 저학년 등교 거부 학생 수는 과거 최다 갱신을 하였고 조기 지원이 필요하다는 기사를 내보냈다. 대략적인 내용은 다음과 같다.

일본 문부과학성의 조사에 의하면 2019년도 중학교의 부등교 학생 수는 12만 7,922명으로 전년도 대비 6.9% 증가한 한편, 초등학생은 5만 3,350명으로 19.0%로 크게 증가하였다. 2012년도와 비교하면 약 2.5배나 증가한 수치이며, 특히 초등 1, 2학년은 모두 약 2.9배 증가하였다. 부등교의 원인으로는 '무기력, 불안'(41.1%), '교우관계 문제'(10.2%), '학업부진'(4.3%) 등이었다.

2017년 2월 부등교 학생에게 학교 이외에서의 배움을 지원하는 '교육기회확보법'이 시행되어 등교하지 않는 선택이 가능했는데 오사카시 교육위원회 담당자는 "이제는 학교가 모든 것이라는 시대가 아니다"라고 말하면서도 한편으로는 "한 번 부등교가 되면 좀처럼 복귀하지 못 하는 경향이 있다"라고 지적하였다.

부등교 문제 전문가인 나라여자대학의 임상심리학과 이토 교수는 "초등학생의 부등교는 원인을 캐내어 적절한 지원을 하면 복귀할 수 있는 사례도 많다"라고 하며, "장기화를 방지하기 위해 조기 단계에서 학교 상담 교사나 행정지원기관을 활용했으면 좋겠다"라고 제안하였다.

(2020. 10. 22. 산케이신문)

이것이 단지 일본만의 문제일까? 최근 10대들의 은둔이 눈에 띄

게 늘고 있다. 사춘기와 겹치는 시기에 입시라는 부담을 안게 되는 한국의 중고등 학생들뿐 아니라 초등학교 시기부터 등교하지 않는 경우도 드물지 않다.

가족 지원 및 또래 서포터즈

2018년 겨울, 도쿄 외곽 다치바나에 있는 NPO법인 '소다테아게 넷(이사장 쿠도 케이)을 방문한 적이 있다.

소다테아게넷은 은둔형 외톨이, 니트, 프리터와 같은 청년들의 취업을 지원하는 곳인데, 2,300명의 니트를 직접 만나 인터뷰하여 『일본청년 니트백서』(若年無業者白書)를 만들어 발표한 곳이다. (당시 『일본청년 니트백서』는 일본 사회에도 전무후무한 니트족에 대한 데이터와 분석을 담고 있어 화제가 되었고, 일본 정부의 니트족에 대한 정책 변화에도 큰 영향을 미쳤다고 한다.)

그곳에서 두 명의 스태프들과 이야기하는 기회를 가졌는데 이곳에서는 부모들을 먼저 상담하여 자녀 이해, 대화 기술 등의 부모 교육을 먼저 한 후 부모를 통해 자녀를 기관과 연결시킨다고 한다. 그렇게 연결된 당사자들은 센터에 와서 조금씩 시간을 보내다가 점차 익숙해지면 다른 당사자들과 함께 간단한 일정을 공유하고 식사도 하는 등 인간 관계를 연습하게 된다. 그후 지속적인 참여자들은 제휴를 맺은 기업의 일터로 가서 '직업 경험'을 쌓을 수 있는 기회를 갖는다. 이용객들 중에는 해외에 있는 부모들도 있어 화상 통화 등을 이용하여 상담하고 있다고 했다.

방문했던 날 센터 벽에는 당사자들이 쓴 것으로 보이는 붓글씨 작품들이 인상적이었고 그날의 점심식사 메뉴였던 카레 냄새가 풍겨오고 있었다.

당사자 지원에는 공동생활이나 방문 상담 등도 있겠지만 부모나 가족이 이렇게 먼저 상담과 훈련을 받는 것은 매우 효과적인 방법인 듯하다. 최근 K2에서 실시하는 또래 서포터즈 같은 프로그램 역시 당사자들의 경험과 이해를 활용한다는 측면에서 매우 효과가 클 것이라 생각한다.

소다테아게넷 정문과 내부 모습

3. 은둔형 외톨이와 그 가족들을 위하여

한번은 전문가의 진단이 필요하다

특별한 이유 없이 자녀가 학교나 직장에 가지 않고, 집 밖으로 나가지 않는 생활이 몇 개월 이상 계속 된다면 적어도 한 번은 정신과 전문의의 진단을 받아볼 것을 권한다. 사람마다 개인차가 있겠지만 어떤 경우에는 인간관계의 상처, 좌절 등으로 혼자만의 시간이 필요한 경우도 물론 있다.

그러나 정신과적 증상이 발현하는 시기도 대개 10대 후반 정도라고 하므로 단순히 사춘기 시기에 따른 감정적 어려움인지 조현병이나 발달장애 유무에 속하는 것인지 판별하는 일은 매우 중요하다. 잘 알지 못 하는 상태에서 너무 오랜 기간 방치하게 되면 멀쩡했던 사람도 우울증세가 나타날 수 있고 그러다가 치료 시기를 놓칠 수도 있으므로 가능하면 은둔형 외톨이에 대한 이해가 있는 곳을 찾아 진단과 상담을 받는 일은 절대적으로 필요하다.

당사자가 진료를 꺼리거나 거부할 경우에는 가족이 대신 가서 상담할 수도 있고 꾸준한 상담은 당사자를 돌보는 구체적 방법과 가족들의 정신적 부담을 덜어주는 역할을 할 것이다. 치료가 필요한 경우인지 혹은 약물치료 없이 상담 등으로 회복이 가능한 경우인지에 대해 신뢰할 만한 전문가의 소견을 듣는 일은 가족에게도 상황을 명확히 분별하게 해 줄 수 있다.

부모가 섣불리 '게임 중독' 혹은 정신적 질병으로 오인하여 입원을 시키는 경우도 종종 있는데 섣부른 강제 입원은 자녀의 마음에 오히려 큰 상처로 남을 수 있다.

'은둔형 외톨이' 라는 범주에 스스로를 밀어넣지 말자

'은둔형 외톨이'라는 병명은 없다. 전문가들은 단지 '상태'라고 말할 뿐이다. 일본은 은둔형 외톨이를 '상태'로, 한국은 '대상'으로 본다. 은둔형 외톨이 생활을 오래 했다가 집 밖으로 나온 사람들도 많고 은둔과 활동을 반복하거나 간헐적으로 방에 틀어박히는 경우 등 다양한 경우가 있다. 『어쩌다 히키코모리, 얼떨결에 10년』의 저자 김재주 씨는 10년 이상의 은둔형 외톨이 생활을 하다가 집 밖으로 나온 케이스이다.

물론 은둔 기간이 오래되면 오래 될수록 나오기가 어려워진다고 하나 사람마다 다르고 일본의 경우보다 특히 우리나라 사람들은 여건이 되면 나올 확률이 높다는 여인중 박사님의 의견을 귀담아 들을 필요가 있다.

가족까지 고립되지 않아야 한다

자식과 부모를 동일시하는 우리나라의 정서 특성상 자녀의 은둔을 숨기는 경향이 많다. 그러나 주변을 의식하며 감추는 일 자체도 엄청난 정신적 소모를 가져온다.

또한 부모는 과거의 양육 방식이나 가정 환경 등 온갖 죄책감에 휩싸여 이중 삼중의 괴로움을 안게 되며 '자식이 이런데 내가 잘 지내는 것은 죄스러운 일'이라는 생각까지 하게 된다. 그러다 보면 자식의 고립이 자칫 부모의 고립이라는 최악의 상황으로 갈 수도 있다.

그러나 부모가 정신적 안정을 얻는 것과 그렇지 않은 것의 차이는 아이의 상태 개선에 현저한 영향을 끼친다. 많은 전문가들이 '부모는 부모 자신의 삶을 살라'는 조언을 공통적으로 하는 이유도 여기에 있다.

최근에는 자퇴생 부모모임, 은둔형 외톨이 가족모임 등 당사자의 부모, 가족 대상의 온오프라인 모임 등이 조금씩 생겨나는 추세이다. 같은 처지의 사람들과 만나 고민도 털어놓고 정보도 얻다 보면 길어질지도 모르는 시간이 조금은 덜 고독할 수 있다.

같은 고민을 하는 사람들이 있다는 것을 아는 사실 하나만으로도 한결 든든했던 경험이 있었다.

다만, 이 분야를 시장 개척이나 주도권 쟁탈 영역으로 생각하는 곳들도 있는 것 같다. 옥석은 가려야 한다고 본다. 검증된 곳인지, 모임이나 단체가 공적 영역에 기반한 비영리적인 곳인지 고려해야 한다.

다행히 최근에는 당사자 단체 등이 조금씩 생겨나고 있어 매우 반갑게 생각한다.

리버티
아들의 자퇴를 계기로 '은둔형 외톨이'에 대해 관심을 갖게 되었고 당사자와 가족을 위해 네이버 카페 <은둔형 외톨이 가족모임>을 만들었다. 일본의 지원공동체 및 부모모임과도 교류를 가지며, 다양성이 인정되고 조금은 더 너그러운 어른들이 많아지는 사회를 꿈꾸고 있다.
raindrop12800@gmail.com

후기
-책을 맺으며

나가도 괜찮을까?
사람들이 무섭지 않을까?
상처받으면 어쩌지?

그치면 나가서 같이 놀고 싶어...

책을 맺으며
-은둔형 외톨이 가족모임

자식의 일을 염려하다가 주변을 돌아보게 되었습니다.

생각보다 훨씬 많은 청년들이 이러지도 저러지도 못 한 채 집 밖으로 나가지 못 하며, 혹은 나오기와 들어가기를 번갈아 하며 힘들어하고 있다는 것을 알았습니다.

다른 부모님들이 지닌 다양한 고민을 보며 나 혼자만이라고 생각했던 것들이 이제는 우리 모두의 문제로 다가왔습니다.

부모들의 모임에서 청년 당사자들도 함께 하는 모임이 되어가면시, 지녀에게 듣지 못 하던 그들의 속마음을 읽으며 '내 자식도 저랬겠구나' 하며 조금씩 자녀를 이해하는 부모들이 늘어가기도 했습니다.

어느 날 가족모임 카페에 당사자로서의 은둔 경험에 대해 회고하는 글들이 여러 차례에 걸쳐 나누어 올라왔습니다. 며칠에 걸쳐 간간이 올라오는 그 회고의 내용들이 며칠이고 우리의 마음에 큰 울림을 주었습니다.

또, 같이 사는 가족들도 모르는 미묘하고 예민한 당사자들의 이야기가 카페에 올라올 때마다, 부모님들은 한결같이 내 자식 같다면서 자녀에게 묻지 못 한 이야기들을 묻고 공감하며, 함께 울고 웃고 했습니다.

가족에게도 차마 하지 못 하는 말, 자녀에게도 차마 묻기 힘든 말….
'익명이라서 가능할 수 있는 이런 공간이 그래서 필요하구나' 하는 생각이 들었습니다.

전문가는 아니지만 평범한 우리의 이웃, 동네 형·동생 같은 당사자들의 목소리를 한데 모아보고 싶었습니다.
그래서 이 책에는 당사자들의 생생한 목소리가 그대로 전달되도록, 조금 부족해도 가급적 청년들의 이야기를 그대로 실었습니다.

청년에 대한 연구, 청년에 대한 조사는 많을지 모르지만 청년 당사자들 본인의 목소리에 귀기울여 주는 사람들이 많았으면 좋겠습니다.

- 2021년 9월. 가을을 맞이하며

은둔형 외톨이 가족모임
은둔형 외톨이와 관련하여, 국내 최초이자 최대 회원 수를 가진 온라인 카페로서, 은둔 당사자와 가족들 및 지원단체 관련자 등으로 구성되었다. 은톨이를 자녀로 둔 부모들에게는 정보 교류와 연대의 기회를, 고립 청년들에게는 새로운 관계 맺음의 기회를 제공하고 자존감 회복과 자립을 지원하기 위해 청년재단, K2인터내셔널, 리커버리센터, 서울시 학교밖청소년지원센터 등과 활발한 교류 및 연대를 하고 있다.
https://cafe.naver.com/youcandogoout